近親殺人

當家人成為加害人——

來自法院與命案現場的社會悲歌紀實

石井光太

陳嫺君／譯

前　言——命喪於家人之手

二〇一九年六月一日，下午三點半左右，日本警視廳通訊指揮中心一一〇專線接獲一通報案電話。中心的員警一接聽起來，電話中一名年老的男性語帶驚慌，無措地表明：

「呃……我，我叫熊澤。我（拿菜刀）砍殺了我兒子，我想自首。這件事說來話長……。我不斷捅他，把人殺死了。他已經一動也不動了。我有三次差點死在我兒子手裡，而且他是來真的。東西（菜刀）就在遺體旁邊。」

撥打這通電話的人，是曾任日本農林水產省高層幹部，官拜事務次官的熊澤英昭（時年七十六歲）。這段內容亦即人稱前農水事務次官長子殺害事件的最初通報。

英昭自東京大學法學院畢業後，便踏上前途耀眼的精英官僚之路，仕途平步青雲，最終躋身高位，退任後甚至還成為駐捷克特命全權大使。然而，在私下的生活方面，卻只是一名為了繭居在家的長子而傷透腦筋的父親。

長子英一郎（時年四十四歲），是英昭在三十歲出頭時所生下的孩子。英一郎從小就不善與人交際，也曾因此引發許多麻煩（直到四十歲過後，他才被診斷為患有發展障礙）。在中學時期甚至遭到同學霸凌。

自大學中輟後，他開始過著形同繭居的生活，也逐漸會對家人暴力相向。他最常施暴的對象是母親，曾導致母親肋骨裂開，甚至還曾拿鉛筆猛刺她的手背，造成嚴重的傷勢。母親則因為恐懼與絕望而罹患憂鬱症。

英一郎過去都是靠著父母金援在外租屋生活，但仍會固定回老家露面。妹妹從小就被英一郎這個哥哥拖累，長大後在談婚事的階段也因為兄長的緣故而告吹。在發生了這些事情之後，妹妹便走上絕路，結束了自己的生命。

即便年過四十，英一郎的言行舉止依舊不見長進。他曾在社群網站留下以下這段話：

〈我想說的是，既然父母只顧著自己高興而生下孩子，那直到死之前的最後一秒，都應該對孩子負責。〉

在凶殺慘案發生前，英一郎已搬回老家又與父母同住了好一陣子。他在這段期間仍不改家庭暴力的行為，父母親總是被他打到遍體鱗傷、處處瘀青，就連送餐到兒子位於二樓的房間時，也只能躡手躡腳地盡快放下以求自保。

慘案當天，住家附近的小學正在舉辦運動會。英一郎對這些加油、歡呼聲感到十分不悅，揚言「要引發社會案件」。不過就在幾天前，神奈川縣川崎市才剛發生一名繭居的中年男子，襲擊正在等校車的明愛小學學童，造成二死、十八人受傷的不幸事件。

英昭心想，與其放任英一郎做出這樣的惡行，倒不如自己親手了結他。於是他拿起菜刀，死命地往兒子的胸腔捅了數十刀——。

這起事件提醒了社會大眾一件事：就連看似與犯罪完全沾不上邊的家庭，事實上，在當今這個世道也有可能成為殺人事件的當事人。

有鑑於英昭的社經地位，無論是供養兒子的經濟能力或取得資訊的管道等，在各方面應該都比一般人來得優越。但在如今的社會，就連這樣有頭有臉的人物，也會被逼到犯下殺人案的地步。

關於這一點，透過親屬間殺人事件的統計數據變遷，便能略知一二。事實上，日本的殺人事件中有半數主要是起因於家庭問題，進而導致家人發生衝突。

在日本，殺人案的統計件數，以一九五四年的三千八十一件為高峰，之後逐年減少，至二〇一三年首度低於一千件，近幾年則大概在八百～九百件左右。

然而，發生於家庭親屬間的殺人案件數，在這三十年來，長期不變地維持在四百～五百件不等，就比例來看，實屬居高不下。具體而言，在二十年前左右，親屬間的凶殺案件數約占整體的四成，近年來則增加至接近五成。

為何在日本，唯獨家庭還是持續瀕臨如此危險的狀況呢？

自古以來，家家都有本難念的經。諸如育兒難題、照護上的負擔、經濟方面的問題……。遇到無法自行處理解決的情況時，則會求助親戚或鄰里來克服這些困難。這是「村落社會」所具備的守望相助功能。

然而，構成村落社會基礎的鄰里往來，時常伴隨著各種糾紛等麻煩事。因此，在社會進入高度經濟成長期的同時，亦帶動人們離開村落遷往都市生活，逐步形成「核心家庭」。這項變化令大眾獲得自由的生活，另一方面卻失去了在地的互助安全網，必須獨力解決家庭內產生的各種問題。然而，這絕非易事。許多人在育兒教養上求助無門、被照護的負擔壓得喘不過氣，而且隨著離婚率的上升，單親家庭也日益增加。

於是，大眾轉而倚賴政府所施行的社會福利政策。政府試圖透過公共援助找出能夠取代地域社會功能的解決方法。因此，每當慘絕人寰的虐待案件或一家赴死自殺的事件經由媒體報導出來後，就會引發「國家福利政策不夠充足」的討論，紛紛大聲疾呼公共援助的必要性。

然而，家人之間所產生的問題，真的有簡單到，只要獲得公共援助並加強自我努力就能迎刃而解的程度嗎。

我可不這麼認為。在另一樁殺人案中，母親為殺害繭居兒子的丈夫護航，對法官說：

「我兒子的心理疾病有多嚴重，有這種孩子的家庭，會對全家人造成多大的痛苦，我想這種事除了家人以外，應該誰也無法體會。因為有這個孩子在，才會發生這起事件。換作是其他家庭，我想也會是同樣的結果。」

法官別過眼，不發一語，最後判定該名父親有罪。

本書探討的事件內容，我都有實際到法庭旁聽、親身去現場採訪，並且加以彙整而成。從事件關係人的口中，有時會聽到超乎讀者們想像的冰冷無情說詞，有時則會聽到令人心痛的悲慘遭遇。

自二〇二〇年以來，因爆發新型冠狀病毒肺炎疫情，家人的相處時間較以往多出許多，家庭暴力、兒童虐待、照護壓力等問題也與此成正比地不斷增加。在疫情緩解後，日本將步入這種「新常態」的新生活型態，還有領先全球的少子高齡化時代，相信家庭問題所占的比重會愈來愈高。正因如此，我相信我們有必要趁現在，聚焦於無法憑公共援助與自我努力解決的現實難題，了解其背後有多複雜與沉重。

究竟是什麼原因會令人選擇殺害家人？會引發事件的家庭與相安無事的家庭之間存在著什麼差異？

針對這兩項疑問，還請讀者們借鑑實際發生的案件，自行找出答案。

本書係根據《EX大眾》（双葉社）2016年5月號至2020年7月號所連載之〈近親殺人犯〉內容，大幅潤色修改而成。

「1」～「7」所描述的事件，人名原則上皆為化名，並極力避免提及地名等專有名詞。然而，出現於「前言」與「解說」等篇章，業已經由媒體詳加報導的案件，則在不此限。

目次

近親殺人

當家人成爲加害人
——來自法院與命案現場的社會悲歌紀實

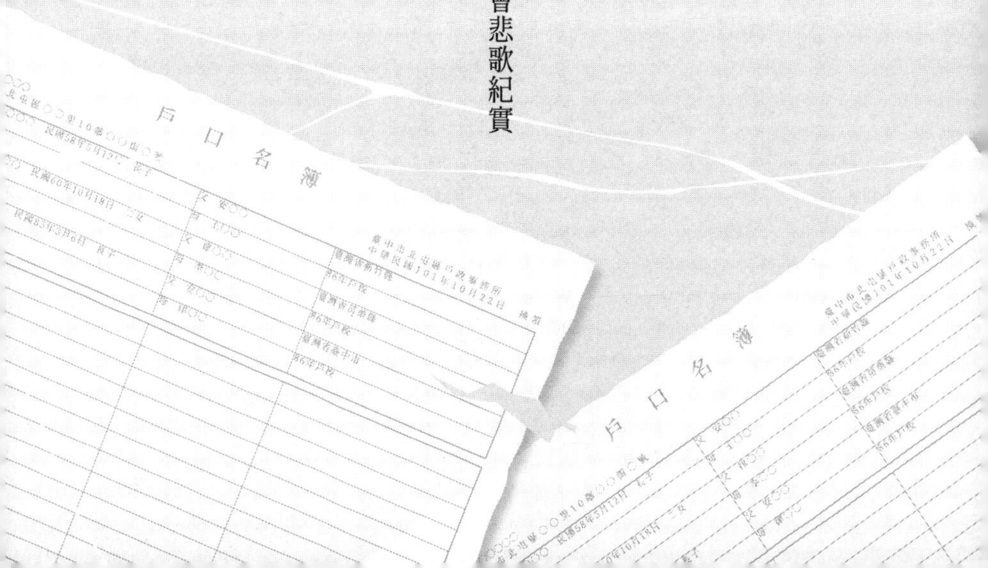

1 真巴不得她消失〈棄養悲歌〉

這起事件發生於二〇一四年的七月上旬，東京都內某棟八樓高的華廈裡。住在六樓三房兩廳一廚房華廈內的是一名六十四歲的母親，以及兩名三十歲出頭的女兒，一共三人。單身的兩名女兒住在母親名下的華廈內，一起生活。

星期日下午六點半左右，相關單位接到來自這間房子的一一九通報電話。撥打者為時年三十歲的小女兒。

「我媽好像死了。」

據悉其母久病不癒，長期在家療養。

救護人員約於十分鐘後趕到，看到從玄關應門的小女兒。她表示母親倒在家中，不省人事。救護人員入內後，發現客廳瀰漫著一股令人難以忍受的異臭。

小女兒指向後方的和室說道：

「我媽在那。」

走進和室的救護人員不敢相信自己的眼睛。只見被褥與榻榻米被屎尿染成褐色，而且到處都是堆得像山高的垃圾。

在房間中央可以看到一名呈仰躺姿勢的初老女性，整個人瘦到不成人形，手腳則宛如枯枝般細瘦。全身上下都可見到褥瘡疤痕。

「這位就是令堂嗎？」

「對……。」

這名初老女性已經沒有呼吸，心肺功能停止，軀體冰冷，死後似乎經過一段時間了。救護人員目睹遺體的情況感到不對勁，秉持著嚴謹的態度根據標準作業程序來處理。當明顯死亡時，並非將死者送往醫院，而是必須通報警方。

在其中一名人員聯絡警方時，另一名人員則詢問小女兒有關母親的健康狀態與發現時的情況，但得到的回答都很含糊不清、模稜兩可的。包括死者這幾天的身體狀況如何、家屬認為最有可能的死因，以及生前固定在哪家醫院看診，所有的一切全都不清不楚。

警方抵達現場後將遺體送往警局，當天晚上便進行相驗。相驗結果則應證了救護人員的疑慮。死因為極度營養不良，也就是所謂的活活餓死。死者身高一百五十三公分，體重卻僅有二十三公斤，甚至因消瘦（脂肪組織極度減少的症狀）導致腦部的海馬迴萎縮。

這位母親明明與兩名三十多歲的女兒同住，為何會淪落到餓死的地步呢？為何女兒們未帶母親前往就醫，而任由情況惡化至此呢？

警方認為這對姊妹相當可疑，於是對兩人展開偵訊。為了釐清在形同密室的家庭內發生了什麼事，不僅要參考兩人的主張，還必須蒐集足夠的物證。因此偵辦這件案子必須花費相當多的時間與耐力。

等到兩名女兒依有義務者遺棄致死的罪嫌遭到逮捕，已經是案發後兩年半後了——。

將時間倒退到命案發生的三十年前左右，也就是一九八〇年代，橫井一家（化名，以下同）生活於神奈川縣海邊的某座城鎮。

父親忠雄是任職於汽車公司的技術人員，母親富士子則是全職家庭主婦。兩人育有二女，長女明日香以及相差兩歲的小女兒博美。夫妻倆鶼鰈情深，十分恩愛，女兒們也很敬愛穩重可靠的父親。

但這一家人卻面臨著一大煩惱。忠雄自從年輕時罹患B型肝炎後，健康便經常出狀況而頻頻入院。一般而言，據說得到此疾病的患者有八～九成能正常過生活，不會有生命上的危險，但忠雄的狀態卻年年惡化。

在忠雄養病期間，妻子富士子除了忙於家事與育兒以外，還必須照顧丈夫。這對她造成相當大的負擔，無奈娘家位於東京都內，距離遙遠，無法隨時請家人幫忙。

據長女明日香所述，富士子的個性相當挑剔。

「我媽有很嚴重的潔癖，只要有一丁點東西散落就無法忍受，絕對會生氣開罵。她對我這個長女很嚴格，要是我隨便把什麼東西放在家裡的桌子上，就會被她大聲訓斥。就連衣服也得一件一件疊整齊、收好才行。我覺得媽媽的心智並不堅強，有些部分反而極度脆弱，是靠著爸爸扶持才挺過來的。所以，當爸爸的健康出問題，導致媽媽無法再依賴丈夫時，我想這對她的精神層面造成巨大的打擊，壓力應該也相當大。」

據了解富士子不善與人互動交際，因此也未曾求助行政機關或民間團體。

就在某一天，這家人接獲了壞消息。忠雄因病情惡化接受精密檢查，發現肝臟有癌細胞，被醫師宣告只剩幾年的餘命。

當時明日香就讀小學三年級，博美則是小學一年級。忠雄考慮到今後的狀況，決定搬到東京都，住在公司附近。為了家人著想，有必要縮短通勤時間以減輕身體負擔，多做一天賺一天地把錢存下來。富士子也為了日後做打算，開始在金融機構兼職。

富士子工作家庭兩頭燒，精神壓力不斷累積，健康也跟著亮起紅燈。有一天，她整個人突然就像體力耗盡般，無法起身離開被窩。這樣的情況大概經過一、兩週就會自行康復，但不久後又會出現同樣的狀況，反覆發作。

當她臥病在床時，就讀小學的明日香與博美就必須負責做家事。對比同學們在放學後結伴玩耍的情景，只有姊妹倆必須直接趕回家打掃家裡、照顧母親，甚至還得買菜。據說小女兒博美看到同學的媽媽時，就會感到一陣落寞，心想「別人家的媽媽都那麼健康，為何只有我們家例外」。

一家四口的生活在一九九七年一月正式告終。父親忠雄的肝癌病情惡化到回天乏術的地步，於四十九歲時撒手人寰。當年明日香就讀中學三年級，博美則是中學一年級。母女三人就屬富士子的情緒反應最為失控。她一連好幾天都沉浸在喪夫的悲慟中，完全吃不下任何東西。在女兒的眼中，母親看起來就跟廢人沒有兩樣。

明日香回憶道：

「爸爸過世時，我們兩個做女兒的再怎麼跟媽媽搭話，她都失魂落魄地說不出話來。以前我們也常看到她身體不舒服的樣子，但這次真的讓我覺得搞不好她會從此一蹶不振。有一天，我往房內一探，看到媽媽呆坐在爸爸骨灰罈前一動也不動。我出聲叫她，卻聽到她鑽牛角尖地說：

『活著好痛苦……。不如我們三個一起死吧……。』

媽媽打算帶我們同歸於盡。基於保護自己與妹妹的立場，我拚命地求她回心轉意。若我們三個都死了，爸爸一定很傷心吧？所以妳別胡思亂想，我們一起加油啊。」

明日香顧不得升學考試的事，努力安慰意圖自殺的母親。幸虧如此，富士子才稍微振作起來。

從絕望谷底爬起來後，富士子為了養家活口重新投入兼職工作，但破碎的心靈已無法恢復原狀，過了幾個月後精神狀態再度惡化，只能把自己關在家裡。經過一、兩週後雖能康復到可以自行外出的狀態，並找到新的兼職工作，但不久後又會臥床不起、足不出戶。

這樣的情況每幾個月就會發生一次。

富士子的友人實在看不下去，經過一番勸說後帶她前往身心診所就醫。明眼人都看得出來，這樣的情況只能求助醫療院所。

醫師則做出如下的診斷：

「是憂鬱症呢。覺得疲憊無力、提不起勁是典型的症狀。建議服用抗憂鬱藥物。」

丈夫的死擊潰了富士子的精神健康。

在這之後，富士子約莫每月一次定期去身心診所回診，並搭配服用抗憂鬱藥物。根據診所留存的紀錄，她在丈夫過世那年就診十五次、隔年十四次、第三年為十次。本人似乎具備病識感因而積極接受治療。

富士子持續服用藥物後已能外出工作，但對女兒們的態度卻比以前更加疾言厲色。尤其是在學業方面，更是頻繁叨念責備，只要看到女兒們放鬆玩樂一下，就會一臉凶神惡煞地飆罵：

「我得了憂鬱症還要工作，就是為了供妳們上高中！妳們給我再更用功念書，考上一流大學，進入大企業上班！」

或許是因為過剩的責任心使然，令她覺得自己必須代替亡夫，將女兒們培養成出色的社會人士。

明日香與博美為了回應母親的期待，沒日沒夜地苦讀。然而，富士子所訂立的目標實在太過困難，無論姊妹倆如何努力都無法獲得母親的肯定。每當看到考試分數、與老師進行生涯規劃輔導面談後，富士子總是口沫橫飛地罵道：

「考這種分數叫做有努力?! 這個家不需要妳們這種孩子，給我出去！」

接連好幾天被罵到狗血淋頭，明日香愈來愈覺得母親很煩人。她回憶道：

「媽媽似乎只會把氣出在我身上。她幾乎不會對我妹說什麼，只針對我怒罵。不光是讀書這件事而已，她還會不斷拿家中收納整理之類的各種瑣事來找我麻煩。其他像是嫌衣領的形狀走樣、電器製品有小傷痕什麼的。而且她不是只有碎碎念而已，還會突然抓狂大罵『要是沒生下妳就好了！』、『別出現在我眼前！』這種近似否定我的人格的說法。經歷過太多的言語暴力，連我也出現類似憂鬱症的狀況。」

明日香百思不得其解，明明自己善盡長女的責任來照顧這個家，為何還得被母親批評得如此不堪。

她對母親的不滿，在青春期的叛逆心態助長下，逐漸轉變為憎恨。在她高中快畢業時，母女兩人的關係出現重大裂痕。

某天，當明日香悠哉地待在自己的房間內時，富士子看到她就大聲怒罵：

「房間實在有夠髒！妳要這樣把房間弄得一團亂的話，以後妳自己的事全都由妳自己處理。我不會再幫妳做任何事！」

自那天起，富士子不但不再準備明日香的餐點，亦拒洗她的衣物，甚至不願意再跟她說話，母女倆形同在家中分居，各過各的。

明日香還在讀高中就必須打工賺取自己的生活費。賺來的錢用來應付伙食費、日常用品開銷，以及購買參考書，根本一毛也不剩。洗衣與熨燙也得自行處理。

她對此表示：

「在家裡，我跟媽媽一直處於斷絕往來的狀態，她甚至不肯正眼看我。她告訴我生活費也要分開算，電費、水費、瓦斯費由她統一繳款，但要求我每個月必須補交我所使用的費用。就連冰箱都分成哪一塊屬於她與妹妹的空間，我只能用哪個部分等等。

媽媽對妹妹一向和顏悅色，會煮飯給她吃，也會幫她洗衣服，並提供所有的生活費。我跟妹妹之間的差別待遇實在太明顯。在這樣的狀態下，我對媽媽逐漸產生『算了，不管她』的情緒。畢竟她有病在身，不管我說什麼她都不會聽，那乾脆放棄還比較輕鬆。」

富士子之所以會偏執地對明日香如此冷酷，或許有一大部分是受到精神疾病的影響。

明日香後來考上東京都內一所知名的私立大學。這所大學在日本全國的知名度很高，屬於一流學府，但富士子完全沒給過一句稱讚，如同往常般，接著就罵「給我滾出去」、「這個家不需要妳」。母女之間的鴻溝當然無可救藥地愈變愈深。

大學畢業後，明日香開始在安親班工作。頭一年由於是鐘點人員，收入微薄，因此仍住在老家生活。畢竟她從高中時便習慣母女反目成仇的關係，想必也覺得無須選在這個節骨眼搬出來獨居吧。

明日香已完全不再過問家裡的任何事，熱中於觀賞舞台劇這項興趣。過了幾年後，她辭掉安親班的工作，轉職到包裝公司上班，不步入婚姻，而是盡情地享受喜愛的事物。妹妹博美也同樣住在家裡，過著愜意的單身生活。

於此時期，富士子的心理健康又再度失衡，經常臥床不起。或許是因為兩個女兒都已經出社會，所以她長期緊繃的神經驟然斷掉。而且不知出於何故，她亦不再前往身心診所回診。兩個女兒每天都有自己的事要忙，不知道富士子已停止接受治療，即便看到她躺在房間裡，也頂多覺得「好好休息一陣子，應該就會跟以前一樣好轉吧」。

明日香對此表示：

「我知道媽媽身體不適，整天躺在床上，但我並沒有出手幫任何忙。畢竟我從高中時期就幾乎沒在跟她說話，就算說了，她也只會回我『妳給我出去』或是『當初沒生下妳就好了』諸如此類的怨言，所以我才刻意不跟她有所接觸。這部分全都交給我妹處理，像是跟媽媽說話、幫忙買她交代的東西之類的。照顧媽媽是我妹妹的事。」

兩人訂下家務分工項目，由博美負責照顧富士子。

博美亦證實此說法。

「我們說好由我來照顧媽媽的生活起居。她每天的狀況都不太一樣，就算三餐都幫她張羅好，她也不見得會吃。所以早餐我會準備麵包，晚餐如果她有交代的話，我會在下班途中繞去超市買回來。

晚餐的內容並不固定，有時候買便當，有時吃冷凍食品或超市賣的熟食，也有只用兩顆飯糰解決的時候。至於伙食費，我會算出媽媽的部分跟她請款，但有時會混在一起，就全都由我出。媽媽不會按時吃飯，似乎只在有食慾的時候才會在自己的房間進食。我們不會全家人一起在餐桌上吃飯，所以我也不知道詳細情況。」

博美也是每天必須去公司工作的上班族，遇到業務繁忙或有私事要辦的日子就會晚歸。像這種時候，富士子只能餓著肚子忍耐，或是硬著頭皮拜託失和已久的明日香。拜託明日香買東西時的富士子，姿態低到簡直不像親生母親的程度。

以下是富士子傳LINE拜託明日香購物的訊息內容。

富士子　明日香小姐，我肚子好餓，拜託您，能不能請您買點食物回來。

富士子可能也明白自己長期以來百般刁難明日香，所以才會如此低聲下氣吧。然而，明日香對示弱的母親依舊態度冷淡。以下是兩人所傳的部分訊息內容。

富士子　明日香小姐，我怕會有地震，至少請告訴我您要去哪裡。

明日香　我幾乎每天都在劇場。

富士子　好，那我知道了。上班日會直接回來嗎？

明日香　不懂妳在說什麼。上班日就是上班、下班看戲。

明日香之所以態度這麼狠心，恐怕是出自高中時期以來經年累月的怨恨吧。

進入二〇一四年不久後，富士子的病況愈發嚴重。在這之前病情雖然起起伏伏，但至少每隔幾天還有辦法自行更衣出門購物，如今卻臥床不起，連要出來客廳或上廁所都很吃力，遇到狀況特別差的日子，甚至一切都無法自理。

如此一來，富士子勢必得仰賴女兒們才有辦法過活。然而，博美對於負擔變重這件事逐漸感到不耐煩，開始無視、不假辭色地拒絕母親的請求。富士子因為博美對她相應不理，只好轉而求助明日香，但明日香回給她的字字句句始終冰冷絕情。

以下是富士子剛臥病不久的一月份ＬＩＮＥ聊天紀錄。當時富士子與博美在家，她想請外出中的明日香購買食物。

富士子　拜託，請幫我們買跟妳同樣的食物。抱歉，麻煩妳了。

明日香　招牌便當之類的嗎。

富士子　現在在哪裡？　她說好。

明日香　都沒主詞的，不知道妳在說什麼。

富士子　明日香妳現在在哪裡。博美說招牌便當可以。
明日香　請妳仔細寫出人名跟便當名。不然買回去妳又嫌，我也很困擾。
富士子　隨便妳買我都可以。
明日香　我就是討厭妳這樣才問的。妳有點自覺好不好。
富士子　炸豬排便當或兩份海苔便當。還有明日香妳自己要吃的。
明日香　意思是妳要買兩個便當？請統一一下說法，實在有夠混亂的。

富士子不管說什麼都會挨罵，愈發變得唯唯諾諾。

另一方面，明日香與博美日益對富士子感到厭惡，兩人會湊在一起說富士子的壞話。就好比在某個嚴寒冬日，飢腸轆轆的富士子吃掉了明日香冰在冰箱的肉包。察覺此事的明日香傳了下述內容給博美。

明日香　富士子好像把肉包吃掉了，真巴不得她消失耶。
博　美　吼，富士子真的超煩的。我今天會去中野吃飯，順便看電影。
明日香　那我去跟妳會合好了。其實我們離家出走不就好了？富士子專做惹人厭的事，看她的行為表現，應該是希望我們離開吧。
博　美　不曉得是不是壓力太大的關係，我覺得整個胃好緊繃。

自從兩人會互相吐露對母親的恨意與怨念後，對母親的態度也開始變得嚴厲。即便富士子苦苦哀求，姊妹倆也會刻意不理睬，或沒好氣地大聲謾罵。

富士子完全無力扭轉劣勢，真的餓到受不了時，只能拿取女兒們屯在冰箱內的食物，偷偷把優格、生菜沙拉、麵包等東西吃下肚來止飢。

每當明日香與博美發現母親的偷吃行為時，就會祭出惡毒的字眼開罵。以下是二〇一四年二月二十日，富士子傳LINE告知女兒們自己吃了冰箱食物的聊天紀錄。

富士子　明日香小姐，我取用了香蕉、麵包，還有半包的豆芽菜。對不起。

明日香　豆芽菜是博美的。

博　美　請不要隨便亂吃。那是我今天打算要吃的耶。請儘快把這筆錢付給我。妳根本也沒在做什麼家事，請不要擅自偷別人的東西。請妳真的不要太過分。一整天從早睡到晚，然後偷吃別人的東西，日子過得還真爽。如果妳真覺得抱歉的話，應該不會做出這種行為才對。

隔月的LINE聊天內容，更加狠毒不留情。

兩天前，富士子吃掉明日香買來的其中一根香蕉。明日香得知後大發雷霆。接著富士子又因為飢餓難耐，拜託明日香採買。當時的訊息內容如下。

富士子 可以幫我買超市的便當嗎，炸豬排飯或炸天婦羅飯，選便宜的就好，如果沒有的話，隨便什麼都可以。拜託妳了。

明日香 不管是前天還是一直以來，妳盡做這些惹人厭的行為（※作者註：以下※符號皆同指吃掉香蕉一事），還有臉提出這種要求。從以前到現在，妳老是未經過同意就擅自吃掉別人的食物。就算我叫妳吐出來（※香蕉），妳也辦不到，那妳要付錢嗎？我買來的東西，妳憑什麼可以白吃白喝。給我付錢。

富士子 我會付的，請妳今天幫我買回來，求求妳了。

得知富士子在兩天前偷吃香蕉的明日香，語帶威脅地要她把胃裡的東西吐出來。或許明日香只是氣到口不擇言，但對富士子來說，這種言論除了恐嚇之外別無其他。博美的措辭也有樣學樣，跟姊姊一樣嚴苛。這是四月份的LINE聊天紀錄。

富士子 博美，我不小心把優格吃掉了。對不起。

博　美 妳明明還有布丁可以吃，為什麼要吃別人的東西。還有，我覺得強調不小心吃掉的這種說法很詭異。

富士子 布丁的確還有剩，但因為我便祕，想說吃優格比較有幫助。結果還是沒用，所以吃了瀉藥。

博　美 也不想想那是別人買來的東西，完全自作主張、我行我素。現在請妳出去，不必再跟我解釋。

富士子 我今天吃了瀉藥，不能外出。

博　美 誰管妳啊，這跟我無關。既然要亂吃別人的東西，就只能請妳出去，這很理所當然啊。就這樣。

富士子 我會想跑廁所，這樣很困擾，拜託妳行行好。對不起，拜託了。今天請饒了我，求求妳。

不過是吃了一杯優格，就揚言要把母親趕出去的行徑，已呈現出以施虐為樂的傾向。姊妹倆究竟在想什麼，為何會苛待親生母親至此呢。明日香在公開審判時如此供述：

「我以為媽媽有按時服藥，接受治療，聽到她推託無法外出、老是偷吃食物，只覺得她應該是在無理取鬧。所以我才會那麼嚴厲地對待她。」

博美的說法也大同小異。

「聽到媽媽說餓到前胸貼後背，我只覺得她誇大其辭，心想她應該沒餓到那種程度才對。所以當她狀況不好時，我就覺得煩，忍不住凶她。後來我跟姊姊乾脆把我們要吃的東西藏起來，以免被媽媽偷走。」

姊妹倆只要冷靜想想，應該不難明白富士子有多難熬。然而，明日香彷彿要發洩過去的憎恨一般，一味苛刻；博美也跟著落井下石，不照顧母親還惡行惡狀。兩人就在不自覺的狀態下，對富士子的虐待行為愈演愈烈。

二〇一四年，約莫在日本黃金週剛結束的五月初，富士子已經幾乎無力走出三坪大的和室門。除了憂鬱症病情惡化外，還因為營養不良而體力不支，整個人相當衰弱。有鑑於她在兩個月後被發現時已成為一具二十三公斤重的遺體，研判當時她的體重應該掉到三十公斤左右，只剩皮包骨。

博美有時會像突然想到般，把買來的食物放在富士子枕邊，但不再加以照顧。富士子無力自行如廁，經常直接在被窩裡排泄。滲透榻榻米的屎尿，散發出令人作嘔的惡臭。

博美在公開審判時供稱：

「大概從六月開始，我就沒再直接跟媽媽對話過。頂多就是她從和室傳ＬＩＮＥ說她想吃東西之類的。我把買回來的食物放在她枕邊時，她也什麼都沒說。我從公司下班回來，媽媽大多整個人包在被子裡睡覺，所以我不知道她的身體是不是變虛弱。」

明日香在警局接受警方問訊時，也提出類似的說詞。

「我偶爾會看到媽媽，但她脖子以下都包在被子裡，所以我不知道她是不是變瘦。光看她的臉看不出有什麼變化，而且我以為妹妹一直有在照顧她。」

三人同住在一個屋簷下，客廳就在富士子生活的和室旁。在這種情況下，真的有可能察覺不到她的衰弱情況與漫天惡臭嗎？

就ＬＩＮＥ的聊天紀錄來看，兩人的證詞也不乏可疑之處。姊妹倆在六月時談到這些內容。

明日香　再不讓她洗澡，家裡只會變得愈來愈臭。

博　美　雖說如此，但依她現在的體力應該沒辦法洗澡吧？她都說沒辦法走路了。

照這些字句來看，兩人不但知曉富士子日益衰弱的情況，對惡臭亦有所察覺。若她們在這個階段就將富士子送醫，使她接受適當的治療，很有可能不會走到最糟糕的地步。然而，兩人絲毫沒有救人的打算，選擇對母親棄之不理。這是為什麼？

下面這段訊息說明了一切。

博　美　要是送醫的話，我們一定會被追究，為什麼長期以來沒給富士子吃飯。

姊妹倆其實清楚認知到兩人的行為屬於惡意棄養吧。因此，為了避免東窗事發，才未將富士子送往醫院。

六月中旬，明日香曾動念帶富士子就醫。在她打開許久未曾踏足的和室拉門時，富士子仰躺著，眼神朦朧地看向她。明日香在公審時表示「她似乎（比以前）瘦了一點」，但研判她應該已察覺到母親變得十分虛弱的情況。當時明日香扶起富士子的上半身詢問：

「妳不舒服嗎？要叫救護車嗎？」

富士子可能是因為許久未曾聽見女兒如此體貼的話語，嗚嗚咽咽地哭著說：

「千萬不要，我沒事的。」

富士子為何拒絕叫救護車的原因不得而知。或許是因為憂鬱症導致精神錯亂，也有可能是她說的其實是「救救我」，但明日香在法庭上說謊。無論如何，結果就是明日香放棄叫救護車，富士子再度躺回汙穢不堪的被窩裡。也因為這樣，富士子失去了獲救的機會。

自六月下旬起，博美便再也沒往和室送過一次食物。而且是出於相當離譜的理由。她如此解釋：

「我的確沒把餐點送到媽媽的房間裡，但我並非不管她死活。我在冰箱裡放了冷凍義大利麵之類的食物，想說如果她餓了的話，應該會吃吧。」

連起身都有困難的富士子，又怎有辦法打開冰箱，吃下冷凍義大利麵呢。再說，以前光是一杯優格被吃掉，便揚言要母親滾出這個家的人正是博美。博美的這種自私想法，斷送掉富士子的生命。

進入七月後，無論是明日香或博美，皆未曾進入和室查看虛弱不已的富士子情況如何。對兩人而言，或許母親已成為不屑一顧的存在也說不定。

這段期間，母女之間唯一的交集是在七月初時，富士子打了一通電話到明日香的手機。那時她正在公司上班沒接電話，後來也未回撥。

當時富士子打算透過這通電話傳達何事已不可考。就結果而言，這成為母女之間最後一次通聯。

過了四天後，這天是星期日，但明日香一早便到公司上班，進行包裝作業。她在下午接到博美打來的電話，博美語氣焦急地表示：

「富士子好像死了。」

「怎麼說？」

「我進房間要跟她收報費，發現她躺在被窩裡沒有呼吸。」

「什麼時候死的？」

「我不知道。畢竟我兩個禮拜都沒跟她打照面。」

明日香屏息道：

「她真的死了嗎？確定沒有呼吸？」

「嗯……。」

「那妳還不快打一一九！」

明日香腦中應該浮現出富士子大約三週前那極度孱弱的模樣吧。她向上司說明原由後便從公司早退。

同一時間，博美則依照姊姊的指示，撥打一一九求救。十分鐘後，救護人員抵達，映入眼簾的是令人不忍卒睹的富士子遺體。一名瘦骨嶙峋的初老女性仰躺著陳屍於充斥糞臭味的和室裡。如同開頭所述般，心肺功能停止，下半身則沾滿了流淌而出、乾硬的糞便。

在案發經過兩年半的二〇一七年年底，終於在東京地方法院立川分院，對明日香與博美進行公開審判。從事件發生到正式逮捕人犯之所以花費了這麼久的時間，是因為姊妹倆否認棄養罪嫌，檢警必須證明兩人涉嫌的緣故。

罪狀則是對富士子所造成的有義務者遺棄致死罪。這是指故意漠視無自救力之人，不盡扶養、保護義務，因而致其於死的罪行，得判處三年以上二十年以下之有期徒刑。審判的爭論點在於，兩人是否明知富士子命在旦夕，而刻意不履行照護責任。

在公審時，兩人雙雙否認罪嫌，表示並非蓄意。明日香則始終主張以下一貫的說詞：

「我從高中時期就跟母親的感情不好，這點在出社會後也沒有改變。我一直以為她的飲食起居，全都是我妹在照顧。直到辦喪禮時我才首度察覺，她沒能好好地進食。看到她的手變得那麼細，令我納悶『為何會變成這樣？』在這之前，我真的做夢也沒想到事情會演變到這種地步。」

強調自己因為與母親的關係疏遠，所以不曉得情況。
妹妹博美的主張如下：
「我一直都有送飯給母親吃。但是六月下旬以後，我怕食物會餿掉，所以改為放在冰箱。我以為（只要放進冰箱，富士子就會自行取用）她都有吃，壓根沒想到她會營養不良之類的。所以直到事件發生前，我真的不知道會變成這樣。」
博美堅稱她有在冰箱內備妥富士子的餐點。
檢方在審判過程中，再三針對兩人說詞的不合理部分提出質疑。明日香在事發前便已目睹富士子孱弱無力的情況、博美則嚴格禁止富士子擅自取用冰箱內的食物。這些事實全都留存在ＬＩＮＥ的聊天紀錄裡。換言之，由此可證兩人明知富士子日益衰弱，卻未提供足夠的糧食與必要的照護。
然而，最大的爭論點在於姊妹倆是否蓄意讓富士子餓死。因兩人雙雙否認，檢方必須透過物證來釐清真相，卻無法獲得足以斷言「姊妹倆明知這麼做會出人命」的證據。
法官據此裁定量刑，認定兩人構成有義務者遺棄致死罪，但未料想到母親會因此餓死，並做出下述判決。
——有期徒刑三年，緩刑五年。
暫時免除牢獄之災的兩人，在沒有母親的華廈裡，重新展開生活。

2　端詳兒子遺容三十分鐘的父親〈手刃繭居子〉

東京都內某處住宅區，坐落著一棟白色兩層樓高的獨棟房屋。小巧的庭院內種滿了綠色植物，都是經過悉心整理、照顧的。完全就是受薪階級心中的理想房屋外觀，是值得努力賺錢、付房貸買下的夢想家園。

住在這棟房子的是名為楠本安男（化名，以下同）的中學體育老師。他深受學生敬愛，執教鞭三十多年直到屆齡榮退。體格雖然不魁梧，卻是一名老實又可靠的男性。

安男與妻子入住新家時，想必也曾在心中勾勒出全家人其樂融融生活的藍圖吧。當孩子接連來報到，這個家也變得更熱鬧，或許令安男加倍產生自己必須好好撐起這個家的責任感。

然而，在他結婚四十一年後的二〇一八年夏天，這個房屋化作人倫悲劇的凶殺現場——時年四十歲的兒子命喪黃泉。在某個悶熱的黎明時分，遭警方依殺人罪嫌逮捕了死者的父親安男。這位前體育老師，如今是在隔壁社區從事清潔工作的六十六歲白髮老伯。

在這個原本只希望獲得平凡幸福生活的甜蜜家園裡，究竟發生了什麼事？

一九五二年，父親楠本安男誕生於東京都內。他自幼便是文武雙全的高材生，就讀知名的私立高中並直升大學。但為了一圓體育老師的夢想，只念了一年便輟學，重考上另一家能夠取得體育教師資格的私立大學。

畢業後，安男如願成為中學體育老師。他在二十五歲時與中學同學律子結婚。夫妻所誕下的第一個孩子，即為日後遇害的長子清太郎。在這之後，長女勝代接著來報到，一家四口的生活很是熱鬧。

律子如此描述丈夫的為人：

「我先生的個性溫和，很有包容力。幾乎不曾動怒，總是處處為他人著想。相反的，我是那種喜怒哀樂全寫在臉上，有話直說的類型，很容易跟人起衝突。所以在生活方面，一直都是先生在支持著我。」

長子清太郎遺傳到父親，個性活潑、喜歡體育活動。他從小學便加入少棒與足球隊，勤奮練球。尤其是棒球隊，由於父親安男擔任教練的緣故，他總是在球場待到天黑，練到球衣滿是泥垢。對安男而言，這也是父子相處的快樂時光。

升上中學後，清太郎放棄棒球，加入田徑隊。他具有領導能力，人緣又好，除了社團活動外，還活躍於學生會，擔任環境美化委員長。每逢清太郎代表田徑隊出賽的日子，安男一定會到場加油。

安男回憶這段時期是他為人父最幸福的時光。

「那段時期真的是很美好……很美好的回憶……。清太郎是很熱愛運動會與成果發表會的孩子，他會從好幾天前就滿心期待，活動當天則全神貫注地參與其中。能待在這樣的孩子身邊、為他加油，對我來說是無從取代的寶貴體驗。」

清太郎在中學二年級的學期結束後，變得益發熱中於課業學習。他主動表明想報考當地的一所知名高中。

開始上補習班的清太郎，每天都讀書到深夜。父母勸他該休息了，他卻說「離升學考試已剩沒多少時間了」而目不轉睛地默默動筆苦讀。他原本就是會對一件事全心投入，努力達成目標的性格，但站在父母的立場來看，兒子過於拚命的態度，令他們感到擔憂。

清太郎的努力獲得回報，從中學三年級開始，他的成績一路攀升，卻變得對周遭的垃圾異常在意。起初是主動撿拾散落在通學途中的垃圾，後來甚至會趴跪在地上搜尋不仔細看根本無從發現的橡皮擦屑之類的髒汙。

安男回憶道：

「我跟家人們開始覺得清太郎的情況有點古怪，是因為他每次外出，都會撿一大堆菸蒂回來。他似乎對這些垃圾在意到不行。我們告訴他別撿這些髒東西，但他就是不聽。

某天，清太郎說『我要把社區內的菸蒂都撿乾淨』便奪門而出。我跟了出去，只見他一路走到隔壁社區，專心一意地撿拾掉落路邊的菸蒂。我忍不住把他攔下來，要他『夠了，別再撿了』，並把他帶到附近的神社休息。」

他大概走了三個車站遠的路程，不斷地撿拾菸蒂。

在這不久後，清太郎出現尖端恐懼症的症狀。某天他看到家中剪刀時嚇得一臉鐵青，哭著對母親律子哀求「這好可怕，妳快想辦法處理掉！」從此，無論是菜刀還是圖釘，只要是刀具或前端呈尖銳狀的物體，就會令他感到害怕。

在這個時間點，清太郎也察覺到自己的不對勁。有一天，他面露倦容地對雙親表示：

「我，好像有點奇怪……。可以去醫院嗎？」

他自己應該也在精神上感到吃不消。

律子帶他前往身心診所就醫。醫師則教他對事物產生強迫思考傾向時的應對方法。

在清太郎埋頭苦讀的努力下，總算考取心目中的理想高中。全家人在大感歡喜的同時，亦期盼他在解除升學壓力後，能恢復到原本正常的精神狀態。

清太郎在高中選擇加入棒球隊。雖然不是什麼強隊，但他想起小學時跟父親練到渾身泥垢的情景，立志成為先發球員。他還出馬角逐學生會長，積極參與校內活動。

中學時期所出現的心理問題，看起來似乎逐漸平息，但在清太郎升上高二後，卻變得難以順利跟同學們互動往來。不但遲到與曠課的情況增加，也經常缺席社團活動，學業成續連帶地跟著一落千丈。

父母親對此相當憂心，清太郎則說：

「去學校見到同學們，讓我覺得很恐怖。」

「你跟同學吵架嗎？」

「倒不是這樣……就是覺得待在教室時，會很在意大家的視線跟聲音。大家似乎在瞪我、說我的壞話。」

清太郎並非在學校遭到霸凌，而是被害妄想之類的念頭在他心中不斷發酵所造成的。他有可能又漸漸被強迫思考纏身。

清太郎坦言：

「我覺得自己應該是生病了。我想再去醫院求診。」

母親律子帶著清太郎前往行政機關的諮詢窗口，請他們轉介口碑好的醫院，院方則安排他定期回診。在返家途中，清太郎喃喃說著：

「我必須靠自己解決這個問題……。」

從這天起，清太郎超過二十年的繭居與養病生活於焉展開。

根據在醫院所做的檢查結果，清太郎被診斷患有「強迫思考」、「妄想症」與「對人恐懼症」。這類疾病無法在接受治療後立刻痊癒。必須透過服藥來慢慢減輕症狀，同時聽從醫師的指導，學會應對方法，以求與疾病和平共處。

清太郎定期去醫院回診，總算勉強讀完高中，但成績未見起色，只得成為大學重考生。他在這一年裡打工送報，上重考班努力準備考試，卻又因為疾病而深受困擾。時而無法與派報公司的同事交談、時而出現妄想症狀，覺得重考班的同學在說自己的壞話。有段時期甚至還覺得重考班的櫃台女員工在監視自己，因而讀不下書。

雖曾一度打算放棄考大學，但在雙親的鼓勵之下，清太郎最後考上東京都內的某所私立大學。若以他高中的在學成績來看，這所大學的等級實屬差強人意，但對此時的他而言已經是所能考到的最好學校了。

大學生活完全與他夢想中的情況背道而馳。心理疾病導致他難以到校學習，只讀了一年多便輟學了。

安男說明了此時期的清太郎情況：

「無法順利與其他人互動相處，讓清太郎很痛苦。覺得人家以有色眼光看他的想法不斷膨脹，導致他感到恐懼、煩躁，沒辦法跟別人往來。而且潔癖症狀也變得更嚴重，他經常把『細菌從廁所門縫跑出來』的這種妄想掛在嘴邊，一天漱口、洗手不下數百次。光是聽到廁所這兩個字，似乎就會令他覺得會被細菌攻擊。」

清太郎積極地想快點治好疾病，主動尋找風評不錯的身心診所就醫。每家醫師所下的診斷都不相同，「強迫性精神官能症」、「社交恐懼症」、「雙極性疾患（躁鬱症）」等各種病名一字排開，並開立大量的處方藥。

清太郎自大學中輟後開始打工，但都做不長久。每份工作都做沒幾天就嚷著「不喜歡工作內容」、「跟上司處不來」而離職。

雙親曾向打工店家的負責人詢問，方才得知清太郎在工作中依然每隔五分鐘就去廁所，或是把自己關在更衣室裡。想必是因為強迫思考使然，導致他無法站在人前吧。十年來所換過的打工工作高達四、五十個，但沒有任何一個是做超過半年的。

生活上種種的不順遂，似乎對清太郎造成相當大的壓力。他漸漸迷上用購物來紓壓的方式。

安男回憶道：

「大概從二十三歲開始吧，清太郎會狂刷信用卡大買特買。而且還沉迷網購，有時一天會收到好幾個紙箱包裹。他都買衣服跟眼鏡，但每一樣都非常花俏浮誇，不禁令人納悶究竟有誰會在什麼時候穿戴這些東西。他自己也幾乎沒碰過這些物品，我們做父母的提醒他不要過度消費，他整個人氣急敗壞，怒吼『這是我的自由！』完全不聽我們的勸。」

應該是因為壓力纏身而演變成購物成癮症吧。

清太郎原本持有三張信用卡，但並非有大筆存款可以揮霍。他卻不管三七二十一，大量消費購物，最後被停卡，待償還的卡債超過二百萬日圓。

他在信用卡被停卡後，依舊無法抑制購物衝動，轉而做出順手牽羊的偷竊行為。他會前往百貨公司與超市，搜刮衣服、鞋子、食品等商品，抓到什麼就偷什麼。

有一天，家裡接到警方打來的電話。

「請問是楠本先生的住家嗎？您有一位名叫清太郎的兒子對吧？」

警察接著說：

「剛剛清太郎先生因為在商店偷東西而被逮捕。」

安男與律子雖然知道卡債的事，卻萬萬沒想到兒子竟然會去當小偷。兒子的理智竟然已破壞殆盡到如此地步。

清太郎依竊盜罪遭到起訴，最終被判處有罪併宣告緩刑。

被判決有罪後，清太郎的偷竊癖便沒再發作過。相信他應該是明白，若再度被捕的話，就得進監獄服刑的嚴重性。

取而代之的是，他變得會將內心那些無從宣洩的情緒，以發狂的方式遷怒在家人身上。意即所謂的家暴行為。而最常被當成攻擊目標的則是母親律子。

安男回憶道：

「清太郎在我面前很文靜，跟我太太待在一起時卻經常施暴。清太郎本人則似乎想隱瞞這件事。有一天，我太太正在打掃庭院，清太郎突然撲了過來抓住她的頭髮，把她拖著走。而且是無緣無故，突然情緒激動地動粗。路過我們家門前的路人，聽到我太太的慘叫聲便往庭院一探，清太郎見狀急忙將我太太拖進家裡，怒嗆『妳叫屁啊！別把人叫來！』，接著又是一陣拳打腳踢。」

對清太郎而言，母親無疑是唯一能讓他這樣張牙舞爪的對象。在家動輒遭到暴力相向，導致律子提心吊膽被恐懼吞噬，幾乎成了兒子的傀儡。她描述當時的遭遇：

「清太郎會突然發怒，無論我如何解釋都不肯聽。還會跟我說『不過就只會做出這種反應！』、『那什麼懷疑的眼神』、『母親根本不認同我做的任何事』，然後更加氣憤。每當遇到這種情況，我只能害怕得縮成一團。清太郎看我這樣會抓住我的頭髮，痛揍我的背部或側腹，一直到他氣消為止。

之所以未曾向其他人求救，是因為那孩子阻止我將事情鬧大。我有一次想逃到停車棚，他追了上來把我抓住，警告我：

『不准出去外面！』

若我不聽他的話，只會被揍得更慘，所以不管他怎麼對待我，我都待在家中忍了下來。很可悲。真的很可悲。」

每當聽到妻子訴說遭到兒子暴力對待的事，安男就覺得自己必須出面做點什麼才行。然而，清太郎在父親面前總是裝乖，在施暴過後找他溝通，也只會辯稱「是母親不對」、「我沒打她」，令安男找不出解決問題的辦法。

二〇〇六年秋天，律子因為數年來遭到兒子施暴，出現了憂鬱症症狀。律子心想，再這樣下去會被殺掉，因而對其他家人表示「想搬出去住」，丈夫與女兒都表示贊成。不但如此，長女勝代還說：

「母親要搬出去住的話，我也想一起去外面住。實在受不了在這種環境下生活。就用我的薪水租個公寓吧。」

安男也支持兩人的決定。

「那好，就這麼辦吧。就由我留在這個家來照顧清太郎。清太郎不會對我怎樣的，儘管放心。」

於是，律子離家另覓住處與勝代兩人一起在公寓生活，重新找回睽違許久，早已遺忘的平穩日常。

然而，分居生活僅維持短短一年便落幕了。由於勝代即將結婚，律子只得再搬回去原本的家。之所以沒選擇獨居，經濟問題應該占了很大的因素。

再度回家與清太郎同住，對律子而言無異於重返地獄。雖說有安男在時不會有事，但他也不是二十四小時都守在自己身邊。眼看必須再度面臨暴力之下日日膽顫心驚的生活，卻出現了一名意想不到的支援人士。

當時，清太郎應徵一般打工都做不長久，因此前往身心障礙者就業服務中心諮詢。他打算透過日本的身心障礙者雇用支援制度，在不勉強自己的情況下找份工作來做。清太郎在面談時，被診斷出患有重度的憂鬱症，並被告知：

「就你目前的病情來看，首先應該讓生活穩定下來。請善加利用行政機關所提供的生活援助服務。」

有關單位幫他轉介至地區活動支援中心。這是對身心障礙者提供生活援助，以及協助他們融入地區生活的機構。負責協助清太郎的，則是一位名叫羽山富美的資深輔導員。

在公開審判時富美以證人身分出庭，如此描述首度見到楠本一家時的印象：

「清太郎剛來我們中心時，全家人之間有很多問題。首先，清太郎應盡快解決的課題為債務與暴力行為。再來則是楠本太太非常懼怕清太郎，楠本先生因而獨自承擔著所有的事。我那時便想，再這樣下去，這家人早晚有一天會崩潰。」

富美提出一家人分居二處的建議以解決問題。她接續道：

「我向清太郎提議，要不要在老家附近租間公寓，獨自生活看看。並且說明，為了大家好，跟家人拉開一點距離，各住各的會比較理想。由於清太郎尚無法完全自理所有事，所以我向他保證，若他對金錢與生活方面感到不安，我和他的雙親會提供協助。清太郎也已經三十幾歲，似乎也對未來有所考慮，因而點頭同意。」

清太郎在二十歲時，經醫師鑑定符合身心障礙等級標準，卻未曾領過日本政府提供的身心障礙基礎年金。因此富美針對過去五年份，大約三百萬日圓的年金金額申請請領手續，並用這筆錢清償卡債，買足新生活所需的日用品。接著申請新的生活補助費，用以繳交公寓的簽約金與房租。

清太郎展開新生活的公寓所在地，離老家並不遠。家人對於清太郎能否自力更生感到半信半疑，但事情超乎他們意料之外地順利進展。這應該與清太郎願意信賴富美有很大的關係吧。他確實聽從富美的建議，階段性地逐步學會買菜、打掃等技能，本身似乎也因而建立起自信。

話雖如此，面對生活大小事，他並非一次就可以做到位。比方說就算學會在決定好的預算範圍內購買餐點食物，但他早中晚三餐都只吃零食，導致體重暴增，或者是愛吃某款便當而接著一連吃上好幾個月。

此外，他的強迫思考並沒有因為服藥而改善。依舊會產生細菌從廁所門縫流出的妄想，甚至害怕到不敢上廁所的程度。

富美談到：

「清太郎為了治療強迫思考，還曾搭新幹線定期前往名古屋一家風評很好的醫院求診。據說他會訂飯店住個三天兩夜，在醫院接受認知行為治療，跟醫師一起觸摸廁所門，確認那並不可怕。他的病況時好時壞，不同時期會出現相當大的落差。當他陷入被強迫思考纏身的狀態時，整個人會無比恐慌；但狀況好的時候，面對各種事都很正常。我想，他本人對於這種病情高低起伏的情況應該感到相當痛苦。」

安男為了幫在外租屋奮鬥的兒子加油打氣，頻繁與他聯絡，也會買食物送去慰勞兒子。一方面也是為了讓家人可以安心生活，有必要讓清太郎繼續在公寓生活下去。

二〇一四年，自從清太郎在外租屋獨自生活已經過了三年。

在這段期間，已婚的長女勝代，搬進了蓋在娘家旁的新居。應該是因為孩子出世，考量到育兒問題，才選擇住在娘家附近吧。小巧的庭院內逐漸充滿祖父母、父母以及孫子爽朗開懷的互動聲響。

另一方面，獨居在外的清太郎則定期前往地區活動支援中心，以期早日回歸社會。他會參加中心所舉辦的身障者創作課程與社會交流活動。

在家人眼裡看來，清太郎持續接受中心所提供的協助，總算能夠打理自己的生活。某天，安男前往清太郎的租屋處，聽到兒子出人意表地宣布：

「我，要結婚了。」

「結婚？你哪來的對象？」

「有啦，我在中心認識了一位名叫山下的女孩。」

安男再仔細聽下去，方才得知清太郎與該中心病友，一位名叫山下明子的女性交往中。她患有思覺失調症，目前跟另一位男性尚有婚姻關係，但正在協議離婚，她與清太郎約定，待離婚成立後就會與他再婚。

安男回家後將此事告知家人，全家人意見一致地認為這一對不適合結婚，因為無從想像患有心理疾病的兩人有辦法建立幸福的家庭。安男勸清太郎重新考慮，他卻沒聽進去。

就在這一年，清太郎不顧周遭的反對，與明子登記結婚。安男一家人只能祈禱清太郎的病況能隨著結婚而好轉。

然而，這段婚姻卻在短短幾個月後告終。兩人同住沒多久後，明子娘家便再三對安男家表達不滿之情。起初是「清太郎沒給我女兒生活費」、「錢不夠用生活困難」等抱怨，後來漸漸變成「我女兒好像被打了」或是「她說想搬回娘家」等透露出危險訊號的內容。看樣子，清太郎似乎對明子做出家暴行為。

儘管外人無從確切得知兩人的家內事，但不難想像，清太郎本身患有障礙，無法以適切的方式來面對深受思覺失調症所苦的明子。這可能成為彼此齟齬衝突的導火線，因而引發家暴。

明子的哥哥看不慣妹妹三天兩頭就被家暴，直接殺到兩人的公寓，把妹妹帶回老家。清太郎卻認為他是單方面遭到奪妻，接連好幾天對山下家發出「把我妻子還來」的簡訊，而且是卯起來狂傳。

山下家將此舉視為恐嚇，打了一一〇報案。警方則依恐嚇罪嫌逮捕清太郎。最後雖然逃過起訴，但在離婚調解時不得不同意與明子分手。

二〇一五年，清太郎與明子正式離婚。對清太郎而言，這件事令他大受打擊，感覺就像是自身的人格全面遭到否定般。

就他的立場來看，這些年來持之以恆地去地區活動支援中心參與活動，也持續在醫院接受治療，總算恢復到勉強可以自立的狀態，令他因而建立起自信。能夠與明子共組家庭，就是最好的證明。然而，婚後不到一年就被迫與明子分開、遭到警方拘捕，甚至還被逼到上法院進行離婚調解。好不容易培養起來的自尊心，就這樣被摧殘到破破爛爛。

根據富美所述，清太郎的生活因為這些事而急遽失控。

「離婚調解結束後，清太郎的病情日益惡化到令我吃驚的程度。他對家門外的聲響變得過分敏感，老是陷入有人在門外偷窺他的錯覺裡。從早到晚緊閉著窗簾，摀住耳朵惴惴不安，完全不敢往外踏出半步。當然也無法出門買飯。在這之前，儘管他的身體狀況起起伏伏，至少還能自理最基本的生活所需，如今他的狀態很顯然地已無法獨自生活。」

而安男在此時依舊默默從旁予以協助。他當時已屆齡退休，辭去教職，在隔壁社區擔任民營公司的清潔人員。每天傍晚下班後，他會繞去超市買便當，在下午五點送到清太郎住處。

安男會在清太郎用餐時將房間打掃乾淨，陪著兒子閒聊好幾個小時。晚上十一點，當清太郎服下安眠藥躺進被窩後，他也會陪在一旁直到兒子完全入睡。每天都在公寓待到凌晨十二點過後才離開，有時還會更晚甚至超過凌晨二點。後來因為清太郎說「吃膩了市售的便當」，安男便早起親手為兒子做便當。

安男之所以如此盡心盡力，除了出自對兒子的愛以外，同時也為了守護律子與勝代。

為了防止家人遭到暴力波及，必須讓清太郎維持獨自在外獨居生活的狀態。

清太郎因為周遭的建議，決定前往某家頗負盛名的精神科醫院，重新好好接受治療。大家告訴他，找回心靈的平靜是首要之務，他自己也明白這個道理。

然而，清太郎卻在這家醫院聽到意想不到的事實。醫師告訴他：

「你的病是思覺失調症，但一直以來好像都被診斷成強迫症等疾病，那其實是錯的。今後要請你接受思覺失調症的治療。」

清太郎張口結舌說不出話來。這等於約莫二十年來，費盡千辛萬苦所進行的治療全都白費，必須從頭開始醫治另一種疾病。那從以前到現在花在治療上的時間究竟算什麼？

清太郎愈發對醫療感到不信任，將這股憤恨不平的情緒發洩在安男身上，像是不滿意便當菜色就任性不吃、到住處的時間若有延誤就會暴怒抓狂。

安男明白兒子自暴自棄的心情，因此從未發怒而是默默承受著。然而，每天不但要陪兒子到深夜，直到其入睡，還得面對各種無理要求，無論是身體還是心理都累到吃不消。接著，安男就因為身心俱疲而出了意外。

以下為安男針對此事傳給清太郎的簡訊。

安　男　早啊，昨天你的強迫思考的情況很嚴重，但我沒能去探望你，實在很對不起。我要坦白跟你說一件事。前幾天晚上下雨，我從你的住處騎自行車回家時，在路上出了車禍。我怕大家擔心，所以沒有跟任何人說這件事。這起意外的背後有很多原因，但或許最大的問題在於老爸我的生活沒有任何喘息的時間。

在一天的工作結束後，若能回家稍微休息的話應該會好一點，但又怕清太郎會不好受。最近我比以往更加強烈感受到，清太郎很努力要治好疾病的心情，也很想為你出一分力。

所以我很重視傍晚去送便當給你的這件事。但是老爸我也想保持健康，繼續工作。除了下班後去看你之外，只要你有任何狀況，我一定趕到。只不過，當你狀況穩定的時候，可不可以直接讓我回家休息。這樣我才有辦法長長久久地陪清太郎走下去。

安男亦有所自覺，忙著照顧兒子的壓力，導致自己的身心已然接近崩潰邊緣。所以他才會低聲下氣地寫下這些內容，向清太郎表達想休息的念頭。

但清太郎完全無法接受這項請求，只回了短短兩句。

清太郎 不行。你得每天來。

安男看到訊息覺得眼前一片黑。然而，思考了一晚後，決定順從清太郎的要求。

安男 我回家後想了很多。目前最重要的就是找出對策來改善你的強迫（※強迫思考）。我收回昨天跟你商量的事。我會再多陪你一段時間，讓你能安穩入睡。我再次了解到消除你的不安是目前最要緊的事。

老爸我也會好好保重，如同往常般與你一起努力。你的病況在這一個月已大有改善，接下來要再接再厲，面對強迫這個問題。

就算一天只有一、二個小時也好，安男必須要有讓身心放鬆的休息時間。這一點他自己比任何人都清楚，也曾換過好幾種說法來跟清太郎溝通，但他一概不肯接受。

以下是父子互傳的簡訊內容。篇幅有點長，但顯著反映兩人的關係，故而引用之。

安男 早，醫生開給你的藥似乎漸漸發揮作用，令我感到開心。是說，我想拜託你一件事。進入四月後，孫子（※住在隔壁的勝代孩子）要開學了。以後每週的三四五社團有練習。以往都是老爸我騎自行車載孫子們去學校，以後則是他們自己騎自行車去，我隨後護送，所以沒辦法比照以往的模式在傍晚時段去你家。由於必須確保大家的行車安全，所以從四月起，每週的三四五我想把送便當的時間調整為七點。我知道這會對你帶來很多不便，還望你能通融。

清太郎　七點太晚了啦。這樣我沒時間跟你聊天。還是比照以往吧。

安　男　因為孫子的社團活動，偶爾會練到快七點才結束。遇到會比較晚歸的情形時，我會事先跟你聯絡，拜託了。

清太郎　欸，我真的很討厭你剛剛傳來的內容耶。拜託你不要因為小孩長大、小孩人數變多了，就要調整各項時間安排。希望你從今以後不會再提出這類的要求。不要用小孩的事來影響我。別再說出任何要我改變作息的話。

安　男　老爸我當然也很重視跟清太郎相處的時間，而且很感謝你跟我談這件事。若清太郎覺得這樣會影響到你的睡眠時間，必須醒著不能睡的話，那提早一點吃安眠藥是不是比較有幫助呢？我想這麼做清太郎也較能好好休息。什麼樣的作息安排對你來說最好呢？

清太郎　不是、不是，我一點都不覺得躺著不睡很痛苦，而且現在這個吃藥時間剛剛好。我想說的是，我討厭你因為小孩的事而晚到。討厭你拿小孩的事跟我討價還價。如果因為小孩而多了很多要做的事，那小勝夫妻倆（※妹妹勝代與妹婿）才應該想辦法解決吧。無論大小事父親都照單全收，讓我覺得很討厭。這就是我的想法。所以來找我的時間不能變。就這樣。

安　男　老爸我一直認為自己也很用心照顧清太郎，看來努力得還不夠。老爸畢竟只是個凡人，沒辦法事事做到讓清太郎滿意呢。自己的存在究竟有何意義、該如何保有自我，思考這些事，或許是我畢生的課題。

清太郎　完全沒必要深思自身存在到底有何意義，也不必去想如何保有自我什麼的。會對這種事追根究柢的人根本不正常。父親現在所做的事，對我來說是不可或缺的。畢竟我的狀況離復原還有很長一段距離。對我來說父親是很重要的存在，我也知道你很用心在照顧我。我只是對小孩的事有意見而已。雖然父親想為小孩多盡點心力，但這會影響到我的生活，造成我的困擾。要是晚二十分鐘來，跟父親聊天的時間就會變少。重要的是，晚餐時間也會變晚，這是最令我困擾的。再說太晚吃飯會變胖，所以我才希望你在固定的時間來。

安男做出這項提議的出發點，無非是想減輕每天的負擔，以便能長久協助清太郎。但是，清太郎卻不這麼認為。他將此舉視為父親意圖與自己保持距離，所以不希望彼此的關係生變。兩人的溝通終究成為平行線。

從下述簡訊內容也可看出父子之間微妙的關係。

安　男　一早就覺得我的右眼霧霧的，感覺很不舒服，勉強撐到下班，去眼科看診。醫生要我向公司請三個禮拜的假，好好靜養，說我的顏面神經有問題。我今天得好好休息。明天再跟你聯絡。

清太郎　你的意思該不會是叫我自己出去買（※飯）吧。再說，你也太晚才聯絡。都這個時間了哪有辦法自己去買回來呢。別突然胡扯這些，確實把飯送來。

安　男　那把飯送去給你後，今天就直接回家囉，這樣可以吧。

清太郎　算了，那就這樣啦。明天我會跟行政機關聯絡，說我要退領生活補助。記得送飯來啊。想想這都是誰害的，我們明明說好，當父親沒辦法來照顧我時，我的獨居生活就會跟著結束。沒有父親協助，我根本沒辦法生活。所以，既然今天已經知道你做不來，那我也要結束獨居生活。明天請等我的聯絡。

安　男　我的意思是，今天讓我送完飯後就立刻回家休息。為什麼你不明白呢。

清太郎　夠了。父親不在會讓我感到無比不安。這已經是極限了，我受不了，父親你也受不了。所以該放棄了吧，不要再過這樣的日子了。

安　男　你昨天也在鬧彆扭，所以老爸我今天想要好好休息，這件事應該不能全怪我吧。明天我們再好好討論生活補助的事。今天就讓我休息吧。

清太郎　這不是怪不怪誰的問題。依我現在的狀態，根本無法自己一人過夜。連一天都沒辦法。若父親今天直接回家的話，那我明天一早就會跟行政機關聯絡。

安　男　等我明天恢復體力，就會再努力過生活。老爸我也很擔心清太郎，想陪在你身邊啊。

清太郎　所以我要跟在你身邊。我要搬回老家，請整理好我的房間。

清太郎非常清楚，其他家人們因為怕他所以跟他保持距離。因此他也知道，只要表明自己不想另外住，要搬回老家的話，家人就不得不順從他的意見。安男也因為顧慮到妻子的安危，而無法強硬拒絕兒子的要求。

地區活動支援中心的羽山富美則對這樣的家庭關係感到擔憂。她在公開審判時談到：

「跟以前比起來，清太郎的病情在離婚後大幅惡化，但也不是一直處於無法自理任何事情的狀態。他說自己沒辦法去超市，卻會獨自外出買衣服。在身體狀況穩定的時期，還曾在認識的人所經營的中華餐館打工，一天幫忙洗碗三十分鐘。在他狀況好的時候，是能自理基本生活所需的。

我曾對他父親表示『過度提供協助只會助長清太郎的依賴心，其實不是好事。』也曾建議聘請照護服務員，或者要不要利用送餐服務。但到最後父親楠本先生總說『清太郎吵著要搬回老家，我擔心他又會對我太太暴力相向。既然如此的話，那乾脆就由我去他的公寓照顧他就好。』把所有事都扛下來。我認為他想保護家人的責任感過於強烈。」

富美擔心的是，再這樣下去安男反而會先崩潰，因而提議讓清太郎住院接受喘息服務(Respitecare)。喘息服務是指，暫時將居家療養中的病人轉移到醫療機構，以減輕家人照護負擔的措施。

清太郎被富美說服，同意接受喘息服務。他曾為此住過好幾次院，但每次都提早出院，從未住滿原本說好的期間。

據家人所述，清太郎剛搬進病房入住後，就會因為太過在意同房患者的視線，以及護理師的腳步聲而情緒失控。接著過沒幾天，便吵著「我不行了！我沒辦法待在這種地方。現在就要回家！」奮力掙脫醫師與護理師的阻擋，飛奔回公寓。每次皆重演這樣的情況。

安男只能默默迎接回到住處的清太郎，如同以往般為他照顧生活起居。起初安男是出自守護家人的強烈意識而自願照顧兒子，但不可否認的是，父子倆可能在此過程中形成密不可分的關係。最好的佐證就是安男在法庭上的陳述。

「我一直認為照顧孩子是父母的職責所在。父母疼孩子是天經地義的事。雖然有時難免會覺得累，但我從不感到厭煩。跟我兒子聊天很開心，他也希望我能陪他。他願意依賴我，對我無所不談。只要他能因為這樣感到安心，我就心滿意足了。他在醫院填表作答時，有道問題是『什麼是你現在覺得幸福的事？』他寫著『有父親陪著我』。我認為這是他發自真心的感受。」

安男在每天從傍晚照顧兒子到午夜零點過後的生活中，學會找出諸如此類的小確幸。反過來說，若不這麼想的話，根本無法為兒子犧牲奉獻到此種地步吧。

時序進入二〇一八年後沒多久，清太郎所處的環境又再度起了變化。某天，地區活動支援中心的羽山富美對他說：

「我將在三月屆齡退休，辭去地區活動支援中心的工作。非常謝謝長年以來的照顧。今後會由另一位新職員接手，我會好好跟他交接的。」

與富美約莫十年的交流往來，對清太郎來說，她是願意理解自己、給予支持的特別存在。對安男與律子而言亦然，之所以還有辦法撐到現在，全多虧有她的協助。富美退休，令安男一家人覺得彷彿失去救命鋼索般。

到了五月，他們收到中心的聯絡，已安排好一位男性職員來接手富美的工作。安男與律子立即前往面談，但對接下來的生活他們只感到不安。倒不是說新的負責人員不好，而是要與清太郎建立信賴關係，並非一朝一夕就有辦法達成。假如必須花上好幾年的話，那這段期間，就只能靠他們自己一家人來給予協助。

律子忍不住向新的負責人員表明：

「我每天都生活在恐懼裡，害怕清太郎哪一天會突然回家攻擊我。我有可能會死在他手裡……。」

新的負責人員只是安慰道：「我們一起努力。」

次月，安男一家人先前的擔憂很快地成為現實。那天彷彿盛夏般炎熱。安男一如往常做完清潔工作後，傍晚帶著便當前往清太郎的住處。清太郎吃了便當，但似乎「情緒煩躁」整個人靜不下心來的樣子。安男見狀便坐在椅子上溫柔地輕撫兒子的後背。

清太郎的狀況則在頃刻後丕變。他的呼吸變得急促，並突然甩開安男的手站起身，神情則緊繃到可怖的程度。

安男詢問：「怎麼了？你還好吧。」

「我真的活不下去了！不行了！」

清太郎叫喊出這句話並踢倒安男的椅子。安男倒在地板上，慌忙地安撫兒子。

「清太郎，我懂，你冷靜點。」

「我活不下去！我，活不下去了！」

「我幫你拍拍背，你先躺下來。」

清太郎聞言順從地躺下，但激動的情緒無法平息，又再度呼吸急促地挺起身。安男勸告「你冷靜點！」清太郎卻突然擺出打架的姿勢，不由分說地毆打父親。

安男拚命制止兒子，

「不准使用暴力！」

清太郎依舊失控地激烈抵抗。安男感到會有人身危險，使盡全力打了兒子一巴掌。

「夠了沒！不是跟你說不能使用暴力嗎！」

安男接著說：

「你給我冷靜下來！不准在這裡暴走！」

清太郎像是被嚇到似地垂下雙手，但難以平息激動的情緒，肩膀上下起伏地喘著氣。

安男雖然藉由發飆制止了兒子，內心卻警鈴大作。儘管清太郎會對律子動粗，但從來不會對自己做出這種行為，這是否代表他的心理狀態起了某些變化。但當務之急先離開這裡才是上策。

安男整理好隨身物品，只說了句：

「那老爸今天就直接回家了，可以吧。」

隨即逃也似地離去。

獨自被留在公寓的清太郎，總算察覺到自己做的好事而感到慌亂。若被父親拋棄的話，自己一個人根本沒辦法生活。清太郎奪門追了出去，但四處不見父親的身影。他攔下路過的計程車趕往老家。

清太郎比父親更早抵達家門。他轉動玄關門把想要入內，但門鎖著打不開。安男在回程途中已先打電話告知律子剛剛發生的衝突，並叮囑妻子，清太郎可能會來，記得鎖好門窗。律子則屏氣斂息地躲在最裡面的房間。

清太郎只好改去隔壁的勝代家。他對著前來應門的妹婿泣訴剛才所發生的事，表明他對父親暴力相向，受到喝斥，所以才回家一趟來請求父親原諒。

清太郎把想說的話說完後，再度返回隔壁老家。他往房子後方走去，發現窗戶沒鎖，僅隔著一面紗窗，便由此入內。

此時，位於最裡面房間的律子聽到聲響，頓時慌了起來。萬一被清太郎得知是她將家門上鎖不讓他進來，搞不好會引來殺身之禍。她決定假裝自己剛才是在上廁所，主動在兒子面前現身。

律子佯裝平靜地出現在客廳。清太郎則坐在沙發上。

「哎喲，是小清你來啦，嚇我一跳。我剛剛去廁所啦。」

清太郎不發一語，仍坐在沙發上，但全身發抖抱著頭，整個人很不對勁。

「小清，你怎麼了？」

清太郎眼眶泛淚地說著：

「怎麼辦，我跟老爸吵架了！」

「為什麼會吵架？」

「因為、因為，老爸他先動手的！」

律子鎮定地表示：

「原來是這樣啊。我想你父親應該很快就會到家，這件事由我來跟他說。大家一起把話說開就沒事了。」

「或許老爸不想跟我說話。」

「不會的，你放心。有我當你們的和事佬。」

律子雖然嘴上這麼說，其實是提心吊膽的，深怕清太郎隨時會發怒又開始張牙舞爪。

這天，待安男返家後，三人便在客廳把話說開。關於在租屋處所發生的事，父子倆承認彼此有錯，言歸於好。

安男對今後的生活著實感到不安，清太郎似乎也一樣。他萬萬沒想到自己竟然會出手傷害父親。翌日，清太郎傳了以下的簡訊內容給日前已屆齡退休的富美。

清太郎 昨天我在租屋處跟我父親大打出手。（中略）我最近覺得活著好煎熬。真的很煎熬。不論是洗澡、刮鬍子、剪指甲還是洗衣服，所有的一切都令我感到煎熬。我好想自殺，想拿把刀子切腹自盡，還打電話去醫院求救了。我最近對這二十五年來生病的日子感到好累、好累。無論換多少家醫院都治不好。然後還被告知是罹患思覺失調症，簡直晴天霹靂。每天的生活令我感到痛苦不堪，我已經不想再走下去。已經不想再活下去了。

清太郎應該是對長年與病魔奮鬥的生活感到身心俱疲。與父親的關係也開始生變，整個家快要分崩離析。而他只能在漆黑的絕望中苦苦掙扎。

在這樣的背景下，清太郎的精神狀態日益混亂。從他傳給安男的簡訊，便能看出他整個人有多狼狽不堪。

清太郎 父親你幾點會下班。我很不安、很不安、不安、不安、不安、不安、不安、很不安、很不安。不安、不安、很不安。不安、不安。

清太郎 身體不舒服。我很不安。又忍不住想大叫，完全無法消除疲勞。我很不安，好累啊。好痛苦。好痛苦、好痛苦。

清太郎 我很不安、很不安、很不安、很不安、很不安啊。覺得渾身發癢。天氣這麼熱令我覺得更癢。好癢。好癢。我現在要去皮膚科，醫生開錯藥給我。抗組織胺口服藥，不是一次吃一錠，而是一次吃兩錠。

清太郎 你去皮膚科看看。記得跟醫生說，你上次去看診時就已經是這樣。要接受診察，直接跟醫生說喔，說抗組織胺的口服藥開錯了。皮膚科掛號到六點。記得帶著藥，早點去皮膚科喔。

清太郎 動作快，你是跑哪去了啊，立刻出發。要在六點前再去一次皮膚科。快點，你是在搞什麼啊。把醫生的話照單全收，是要錯幾次啊。不要忘了把藥帶去。快去快回，不然會耽誤到吃飯時間。

這些訊息研判應該是在他神智不清的狀態下所傳送的。

安男每每從字裡行間感受到兒子的病情惡化，卻一籌莫展。他一路陪伴努力到現在，但如今這種情況，已非憑他一人之力就有辦法改善。兒子對家人造成危害，恐怕也是時間早晚的問題，令安男日益感到焦慮。

七月，在父子爆發衝突一個月後，勝代家辦了一場生日派對。勝代家有四個孩子，每逢有人生日，全家人就會聚在一起慶生。七月亦是清太郎的誕生月，因此也會一起幫他過生日。

這天的派對是以小孩為主角，氣氛相當熱絡。滿桌的美食搭配豐富的飲料，不只是勝代一家開心，就連安男與律子也好久沒這樣大聲歡笑、享受愉快的時光了。孩子們也因為蛋糕與禮物而樂不可支。

派對結束後，清太郎隨著安男與律子回到位於隔壁的老家。他在勝代家表現得很安靜，但一踏進老家玄關，便再也按捺不住煩躁的情緒，開始念念有詞地自言自語起來。安男見狀關切詢問兒子怎麼了，清太郎則皺眉說出：

「為什麼小勝（勝代）一家看起來那麼幸福。害我想把他們全都殺了！」

「喂，殺什麼殺，你在胡說什麼啊？」

「我說，我想把他們統統殺掉！聽不懂啊。想拿刀去捅，就連小孩也不放過！」

對比自己的遭遇，清太郎實在無法接受勝代一家人幸福快樂的模樣。安男聽到「殺掉」這兩個字，頓覺寒毛直豎。

到了隔天，清太郎的不滿情緒似乎尚未平息，依然跟昨晚一樣，繼續對勝代一家口出惡言。清太郎平常就算遇到什麼不開心的事，只要睡一晚就會忘得一乾二淨，但這次無論經過多少天，他對勝代一家的言語攻擊卻未曾停歇。

安男心想清太郎該不會真的有心想傷害勝代一家人，因而感到坐立難安。不但食不下嚥，即使睡著了也會立刻驚醒。

於此時期，清太郎曾傳一封簡訊給富美。

清太郎　天氣好熱喔。精神疾病會讓人情緒變得不穩定，好痛苦喔。還有，小勝家就在隔壁也好痛苦喔。我想盡情地發飆，但怕他們聽到所以不敢這麼做。我想盡情地發飆啊。害我覺得如果沒有小勝該有多好。

還有啊，去小勝家會看到很多全家福跟小孩的照片。看到這些就會讓我感到羨慕，接著產生不爽的情緒。害我覺得我也想有這樣的家庭。

我之所以會感到不爽是生病害的嗎。有小勝一家人在，固然令我感到開心，但就是會引發羨慕與不爽的情緒，所以才覺得痛苦。

光看這則簡訊內容，會覺得清太郎尚有辦法客觀分析自身的狀態。前些天可能是過於意氣用事，才會宣洩情緒般地脫口說出想「殺掉」妹妹全家這種話。

然而，安男卻因為極度憂慮，將此話信以為真。他自身也已經逐漸失去平常心，無時無刻都覺得清太郎會登門殺害愛孫，因而頻頻前往察看兒子的動靜，並對勝代耳提面命，要她別讓清太郎靠近孩子們。

——只有自己能守護全家人了。

安男滿腦子都被這個使命感占據，無法再思考其他的事。

七月十七日，東京進入盛夏，最高溫飆升到攝氏三十五度。下午五點，安男結束一天的工作回到自己家。工作上的勞累再加上失眠令他精疲力盡，而這天清太郎則因為有事會回老家一趟。

安男一進入客廳，便看到令他心中警鈴作響的光景。清太郎一臉鐵青，張惶失措地不斷在屋裡繞圈子。

安男詢問清太郎究竟發生了什麼事，清太郎回答：

「空調很奇怪，完全不會動……。為什麼會這樣，為什麼啊。」

安男聞言稍微放下心中大石，但不敢掉以輕心，一邊提防著清太郎，一邊陪他更換遙控器電池。雖然重開空調的電源了，但依舊無法如常運作。

晚上快七點時，律子外出返家。看到清太郎在家，令她渾身發抖。光是站在他面前，就會令她憶起昔日的家暴創傷，動彈不得。安男察覺到妻子的反應，便對清太郎說：

「欸，你跟老爸上二樓吧。」

「為什麼？」

「我們去二樓房間修遙控器。」

清太郎並不覺得反感，「嗯」了一聲便前往自己位於二樓的房間。

安男與清太郎就在這裡閒聊了好一會兒。清太郎如同往常般，自顧自地說個不停，安男則適時地出聲附和。

約莫過了一小時，清太郎表示：

「老爸，我口渴。」

「這樣啊。」

「我去樓下裝點水上來。」

清太郎留下這句話便走出房門。

安男在房間等待，卻突然聽到一樓傳出慘叫聲。是律子的聲音。他慌張地跑下樓，看到律子摀著臉蹲在地上。

「律子！發生什麼事！」

但律子只是哭個不停。清太郎則盛氣凌人地站在一旁。

「怎麼了嘛，妳為什麼哭。」
「我剛在廚房，小清他，突然揍我……。」
據律子表示，下樓裝水的清太郎沒頭沒腦地動手往她臉上揍了一拳。被打到的地方已變得紅腫。
安男抱住律子說道：
「我們去醫院吧。」
「明天再去，現在已經很晚了……。」
清太郎聞言吼道：
「去醫院的話，母親妳，會抖出我揍妳的事對吧！」
律子嚇得面無血色，清太郎接續道：
「這樣的話，我，不就會被警察抓走！母親，妳絕對不能說出我打妳的事。萬一母親說了，害我被警察抓走，等我離開警局就會立刻殺了母親！」
安男連忙制止清太郎，
「好啦，我們知道了，老爸有話跟你母親說，你今天就回公寓去吧。」
「不要！我，要待在家裡！」
「不可以。快回去。」
「不要！絕對不回去！」

「好吧，既然這樣的話，回你二樓的房間去，現在你不能待在這裡。」

清太郎負氣地粗暴踩著樓梯上樓。

這天晚上，安男告誡清太郎不得離開二樓房間，自己則守在一樓待在律子身旁。律子被打傷的地方腫得厲害，整個人籠罩在懼怕兒子的情緒裡，瑟瑟發抖。安男安慰著妻子，內心不得不承認，這個家現正處於崩毀的危急關頭。

晚間十一點十五分，家中傳來清太郎從二樓房間走下樓梯的聲響。他要來拿安眠藥。聽到腳步聲的瞬間，律子開始神色慌張起來，深怕清太郎又要來揍自己。

安男心想，妻子遲早會被兒子逼到身心崩潰的。情況只會雪上加霜，日益惡化罷了。這樣的生活究竟還得過幾年、還得持續幾十年呢？

他柔聲安撫著律子，

「孩子的媽，妳還好嗎？」

律子劇烈發抖到牙齒打顫發出聲音的程度。

「明天，最好還是去醫院治療吧。」

「嗯，明天我會去的。那孩子，比平常的狀態還要奇怪……。我會據實交代來龍去脈，我想醫生應該能諒解。」

「是啊。」

可是，萬一清太郎得知他們在醫院對醫生據實以告，不知道會做出什麼行動。屆時不光是律子，會不會打算連勝代和孫子都殺了……。

安男為了讓腦袋放空而進去浴室沖澡，但在淋浴過程中，危機感卻不斷膨脹發酵。

他在日後公開審判時如此描述當時的心情：

「那天晚上，我太太很明顯地相當衰弱。她以前就得過憂鬱症，我總是擔心，怕她會不會哪天想不開尋短，但看到她被清太郎施暴後的狀態，這份擔憂轉變成確信。我想，不能讓此事成真，只能用我的雙手來守護妻子。出了浴室後，我滿腦子都在想著這件事。」

遲早有一天，律子會因為再也承受不了而被逼到自殺；若非如此，就是被清太郎殺死。既然如此，在事情演變成這樣之前，唯一的辦法就是自己先動手殺了清太郎。

安男在失去平常心的狀態下，鑽牛角尖地浮現這樣的想法。即便如此，清太郎對安男而言，仍舊是心肝寶貝。他想盡可能讓兒子在不痛苦的情況下，結束他的生命。安男再三煩惱，最後決定在安眠藥發揮最大藥效，令清太郎進入深沉睡眠的時段付諸實行。這是他出於父愛所能盡的最後一點心意。

安男下定決心後，先回到寢室假寐片刻，接著於凌晨三點過後起床。儘管睡了一覺，但他的決心絲毫未動搖。在尋找可以用來勒住頸部的東西時，發現電熱水壺的電源線。

安男步出走廊側耳傾聽，二樓的房間悄無聲息。他躡手躡腳地上樓，打開房門。清太郎仰躺在這個三坪大房內的被窩裡，發出打鼾聲。應該是安眠藥起了作用。

安男坐在枕邊，凝視著兒子的睡臉。從前清太郎問他，人活著的意義時，他傳了這樣的內容來回答他。

安　男　我認為所有活著的人都是有價值的。不管是什麼人，大家都面對著各種問題而活著，像是生病什麼的。而且大家所面臨的問題都不相同，所以這也沒什麼好比較的。重要的是該如何與問題共處活下去。人只要活著，肯定就能為某個人帶來勇氣，人生也會因此變得有價值。

以往至今，安男就是秉持著這項信念來協助清太郎的生活。然而，這也將在今天畫下句點。身為一名父親，為了保護妻子、女兒以及年幼的愛孫性命，必須殺了他。

安男悄悄地將帶上樓的電源線纏繞在清太郎的脖子上。清太郎則睡得很沉而渾然不覺。安男雙手握住電源線，用全力勒緊。電源線因扭緊而嘰嘰作響，陷入頸部皮膚裡。

就在安男認為兒子的打鼾聲已戛然而止的時候，清太郎卻突然挺起上半身坐了起來。安男見狀更加使勁拉緊電源線，清太郎的身體再度落入被窩裡。求你快點上路吧，安男在內心如此祈求著，持續勒住兒子的脖子。

這段過程可能歷時三到五分鐘，安男發現清太郎全身已失去力氣後才終於鬆手。呈仰躺姿勢的兒子已沒有呼吸。一切到此結束。

安男將電源線放在一旁，呆坐枕邊，端詳著兒子的遺容約莫三十分鐘。至於此刻他心裡在想什麼則無從得知。或許是回憶著長年以來的苦惱，又或許是祈禱清太郎能安息、往生極樂。

凌晨四點，安男走出二樓房間，來到一樓寢室。打開房門後，面容紅腫的律子已經入睡，從被窩內發出規律的呼吸聲。

安男對著妻子說道：

「不會有事了，妳儘管放心。」

律子聽見丈夫的聲音隨即睜開眼。臉的揍傷處還傳來陣陣疼痛。她睡眼惺忪地問道：

「怎麼了嗎？」

「我，會去自首，以後不會有事了。」

律子聽到「自首」兩個字，心裡七上八下，但尚未明白究竟發生何事。

過沒多久後，安男準備好眼鏡與隨身包包，拿起手機撥了通電話。律子忽然察覺電熱水壺的電源線不見，因而產生一股不祥的預感。

「孩子的爸，電熱水壺的電源線……。」

「嗯，沒錯。」

安男沒再多說下去。

過了不久，一輛計程車停在家門前。安男表示是他剛才打電話叫的。

「你要去哪裡？」

「警察局啊……。」

「警、警察局？」

「那麼，我出發了。」

安男留下這句話便帶著隨身包包搭上計程車。

被留在家裡的律子則在經過十幾分鐘後，接到刑警打來的電話。刑警向她問說：

「請問是楠本安男的太太嗎。方才安男先生來到警局自首，說自己殺害了兒子。很抱歉，可以請您前往二樓，確認看看令郎的房間嗎？」

因為這通電話，律子才終於得知丈夫殺害了清太郎一事。

在大約半年後的冬季展開了此案的審判。罪名為殺人罪。

由於安男自首，並全面承認包含殺人動機在內的所有罪狀，因此審判唯一的爭論點便落在量刑這件事上。安男穿著西裝戴著眼鏡，正襟危坐在律師身旁的模樣，頗有退休教師的樣子。

法官與陪審員全都抱持著同樣的疑問，為何安男會獨自一人承擔所有的事，以至於到最後犯下這起罪行呢？應該還有其他管道，像是醫院之類的機構可以求助才對。

針對這點，安男所陳述的理由如下：

「清太郎從十五歲開始，去過的醫院多到數不清。每一家都開立大量的處方藥，他很認真服藥接受治療，也曾深受副作用所苦。這樣的生活超過二十年，結果另一位醫師卻說他是『思覺失調症』，推翻了長年以來各家醫院的診斷。在這樣的情況下，我實在無法要求清太郎相信醫療人員、好好接受治療。接受喘息服務住院也沒用，因為他跟其他人同處一室時，強迫思考只會愈演愈烈，造成反效果。每次他從醫院回來，病情都更加惡化，得費很多功夫才能讓他的情緒平靜下來。」

相信應該是經年累月配合醫療院所的指導，卻未見起色，令他們無法再對這類管道寄予期待吧。

那麼，他們為何從未找警察諮詢清太郎家暴的事呢。對此，安男解釋：

「清太郎會做出暴力行為的原因在於心理疾病。所以，即便報警抓他，情況也不會有所改善。只會讓很多事變得更複雜而已。既然這樣的話，乾脆由我好好陪著他，讓他在公寓自由過日子。之所以會引發家暴事件，終究是我力有未逮的緣故。」

安男根據清太郎長年以來的病況，決心不向醫院與警方求援，親力親為來扶持兒子的生活。就結果而言，這項抉擇成為這起事件的導火線，但是否真能斷言這完全是個錯誤的決定呢？

另一方面，其他家人又是如何看待這起事件呢？

首先來聽聽律子的證詞。針對安男怕她會想不開尋短的這件事，她如此陳述：

「我不想再受到兒子暴力對待，陷入悲慘的情緒裡。可是，我又不能丟下這孩子，自己去死。這樣他會覺得寂寞吧。所以，我一直思考，要死的話也得跟這孩子一起死，免得給社會帶來困擾，但想不出方法來執行。」

律子曾打算與清太郎同歸於盡。就這一點來看，安男的猜想是正確的。

關於這起事件，律子則如此表示：

「清太郎打我的時候，會說『為什麼妳要生下我』。我想他無法隨心所欲地生活，應該讓他很痛苦。我只能說『對不起、對不起』一直跟他道歉。現在說這些也於事無補，但不管是這個孩子，或是我和丈夫，都曾經很努力要克服這些難關活下去。至於什麼是對的，什麼是錯的，至今我依然無法判斷。在這樣的背景下，穩重可靠、總是設身處地照顧我們的丈夫竟然會落入這樣的處境，至今我仍然不知道該說什麼才好。」

就律子的立場來看，多虧有丈夫的扶持，她才能撐到現在。她認為當時丈夫也是別無選擇才會那麼做。正因如此，讓丈夫承擔所有的責任令她感到愧疚。

那麼，長女勝代又怎麼看呢？

勝代在天亮後才得知此事。警方找上門拜訪，向她說明了事件始末。她坦承，當自己聽到消息時，「覺得鬆了一口氣」。她解釋箇中原由：

「我哥是生病沒錯，但他同時也是個犯罪者，會對家人暴力相向。所以我總是過得提心吊膽，怕他哪一天會引發事件、殺害媽媽，或是對我的兒子們下手。我哥曾情緒失控拿著菜刀大鬧。所以聽到他死了的時候，我的一顆心總算從恐懼的情緒裡解脫，覺得鬆了一口氣。」

不過，她也表示：

「爸爸從不抱怨，總是獨自攬下所有事來照顧我哥。爸爸應該認為，若自己不做的話，就會害我媽受到連累。關於這件事，我深切反省，我應該多跟爸爸聊聊、讓他能放心找我商量或訴說煩惱。一直以來，爸爸飽受折磨，盡心盡力地照顧我哥，今後我希望他能跟媽媽一起安享餘生。」

這番話應該不是虛情假意。

檢方參考審判時的證詞，求刑五年，辯方則爭取緩刑。法官與陪審員針對兩造意見所做出的一審判決如下：

——**判處兩年有期徒刑**。

安男會被逼到出此下策的背後原因固然令人同情，但當時清太郎已就寢，太太律子也說隔天會去醫院治療，因此屬於「非出於緊急迫切情況」的殺害行為，無法予以宣告緩刑，法官因而做出必須入監服刑的判決。

閉庭後，旁聽席上的律子宛如失了魂般，視線游移在半空中。

3　ATM也借不到錢的話只能一死了之〈窮極輕生〉

貫穿東京沿岸地帶的京急本線周邊，有部分地區乃「京濱工業地帶」蓬勃發展的象徵，一片欣欣向榮，直到昭和時代結束。在這之後，隨著相關產業的衰退，此地區被遺留在時代的洪流中，成為一座風光不再、凋零沒落的城鎮。

往此地帶的住宅區內部走去，會看到蜿蜒曲折的巷弄裡，蓋滿了屋齡推估超過五十年的房子，家家戶戶並肩而立。這些老屋的家門口停放著滿是鐵鏽的自行車與摩托車，從對外敞開的玄關傳來收音機的聲音。大剌剌垂掛在曬衣桿下的，盡是老人的內衣褲。

靠近大馬路的地方雖有小工廠與商店，但不少店家已關門許久。鐵捲門緊閉，招牌烤漆剝落、牆壁布滿青苔。散落著垃圾的停車場則有流浪貓聚集。

本篇事件的加害者井田貴志（化名，以下同），於一九七一年誕生於此地。那時與現在不同，有好幾家大工廠分布於此，小工廠的煙囪鎮日冒著灰煙。來自日本全國的勞工採三班制輪替工作，整座城市不分日夜皆充滿活力。拜日本的第二次嬰兒潮所賜，這裡的兒童也很多，每逢平日下課後與星期六、日，公園與道路便成為孩子們的遊樂場。

井田家就在這個地方經營蕎麥麵店。井田家是兩層樓高的建築，一樓為店面，二樓則是住家。每天一大早，父親一雄與母親彩子便來到店內，分工進行前置作業。勞工們會在工廠休息時段湧現，在店門口大排長龍，因此井田家的親戚或鄰居便會在此兼差幫忙。

儘管麵店生意興隆，井田家的生活卻不好過。原因在於一雄浪費成性與紙醉金迷的夜生活。一雄在店內的工作態度還算勤奮，但營業時間一結束，便把善後整理的工作全都丟給妻子，強行將收銀台內的現金搜刮進口袋，流連燈紅酒綠的聲色場所。小酒館喝完再去酒店續攤，玩到次日才步履蹣跚地回到家來。因此，雖然麵店有賺錢，但家計卻經常入不敷出，連要採買都成問題。

出生在這個家庭的貴志，自幼就一直被父母忽視不管。雙親一大早就在店內忙碌，晚上母親則被打掃店面、會計作業，以及家務等各種差事追著跑，一整天把孩子丟在被子上的情況也是家常便飯。據悉貴志一歲過後仍不會爬，雙親的行為根本與放棄育兒無異。

對這樣的家庭環境感到擔憂的，則是住在愛知縣的外婆。在她得知貴志已經兩歲卻還不會說話時，便認為不能再這樣放著孫子不管。外婆對夫妻倆表示：

「再這樣下去，貴志沒辦法好好長大喔。若你們夫妻沒辦法帶孩子的話，那我有時間就會去東京看他。」

外婆每隔幾個月便前往東京，代替女兒與女婿來照顧貴志。對年幼的貴志而言，這是能感受到親人關愛的寶貴時光。然而，舟車往返既花車錢又耗體力，大約過了一年，外婆便不再東京愛知兩頭跑。

貴志如此回憶年幼時期：

「小時候，我從未有過父母陪伴關懷的記憶。我只記得自己在空無一人的房間裡，從早到晚都待在電視機前度過。真的、真的很孤單。」

或許是受到這種生活的影響，貴志變得不善對人表達自身的情緒，難以與他人建立信賴關係，因而漸漸避免與他人交流往來。

進入當地的小學就讀後，貴志所處的家庭環境依舊未見好轉。一雄花錢花得更凶，彩子對此感到不滿，兩人永遠都在爭吵與互罵，最後演變成家庭暴力。一雄的酒品很差，往往會藉著醉意將彩子打到站不起身的地步。喝到酩酊大醉大半夜才回家後，毫無理由發飆的情況也屢見不鮮。

對貴志而言，一雄給他的感覺只有恐懼，光是看到父親的臉就會令他全身僵硬。

貴志有段痛苦的回憶在在顯示出一雄這個父親有多蠻不講理。有一天，貴志回家後發現一雄躺在地板上。正當他準備從一雄身旁走過時，腳卻碰到一雄的後背。說時遲那時快，一雄跳起身，使勁毆打貴志的臉部。貴志按壓著從鼻子與嘴巴流出來的血，問一雄自己是做錯了什麼。

一雄回答：

「現在，我的背受傷了！」

貴志根本無從得知父親的背受傷，但心情不好就會亂找碴並動手打人，正是一雄一貫的作風。

在每天的生活中，貴志最痛恨的就是目睹一雄對彩子揮拳相向的場面。儘管不常與母親相處，但他應該還是有感受到母親是愛他的吧。正因如此，看到母親因為父親的蠻橫而遭到毒打、委屈哭泣的模樣時，貴志便心痛到無法呼吸。

他回憶道：

「我很討厭父親，但我覺得母親很可憐。她每天做牛做馬，但只要他一不高興就會打她……。在我還小的時候，就算想救她也無能為力，所以覺得乾脆分開不就好了。不然的話，只能等我長大後來保護她。」

這對夫妻也曾經吵著要離婚，但彩子在最後還是踩了煞車。帶著上小學的兒子離開這個家，成為單親媽媽，可想而知生活一定會有困難。有鑑於此，或許彩子才會認為只能咬牙忍耐到兒子長大。

貴志升上中學後依然非常懼怕父親，並對他的日常生活造成影響。他總是戰戰兢兢，有話想說也結結巴巴說不出口，就連面對同學都無法順利表達意見。同學們嘲笑他個性陰沉，集體孤立他。

對此貴志表示：

「我在學生時代完全沒朋友，但家裡的情況還比較慘……。當父親在家時，我就會害怕到盡量在外面逗留。不然，就有一頓好受的……。在升上高中後也都還是這樣。」

即便進入青春期，對父親暴力行為的恐懼，依舊盤踞在貴志的腦海裡。

高中畢業後，貴志搬離家裡，在附近租屋自己生活。他打工兼職，生活並不輕鬆，但在十八歲過後，終於擁有能安心生活的住居，令他感到無比喜悅。二十五歲時，為了謀求更好的收入，貴志便在計程車行當司機跑車。

於此時期，老家的蕎麥麵店起了巨大的變化。在泡沫經濟破裂後的不景氣浪潮席捲之下，京濱工業地帶颳起裁員與破產的暴風雨。尤其是家族經營的小工廠完全陷入營運困難的狀態，一家接一家地倒閉。

整座城鎮的勞工人數急遽減少，全國連鎖的超商與速食店開始沿著主要幹道展店，隨即搶走蕎麥麵店的客源，導致麵店生意一落千丈。

在這種情況下，必須及早撤退或轉換跑道做出重大變革，否則只會被時代的洪流所吞沒。然而，一雄的腦袋裡卻沒有這種危機意識。

「這是我的店，不管別人怎麼說，我就是要賣蕎麥麵賣到死！」

不知道他是不是不理解自己身處的狀況，晚上仍然花天酒地。

結果導致家計困難、無以為繼，彩子只好四處向親戚借錢。然而，就算開店做生意，若客人不上門，食材便會變成垃圾，只有債台日益高築。後來甚至連付每個月的水電瓦斯費帳單都成問題，過沒多久後，蕎麥麵店便休業了。

離家獨居的貴志直到某個寒冷的冬日，才發現老家的貧困窘境。當時他已屆三十歲，趁著放假睽違許久地回到老家探望母親，卻看見出乎意料的光景。二樓住處的家具所剩無幾，沒有暖爐可以使用，母親包裹著羽毛外露的被子，冷得全身直發抖，彷彿一隻被拔掉羽毛的鳥兒般。

貴志聽完來龍去脈，對一雄感到憎惡，但他也明白即便自己出面說話，依照一雄的個性，也不可能聽得進去。萬一說錯話，可能還會害母親被遷怒。話雖如此，母親的處境令貴志感到不忍，他提領存款為母親買了新被子，希望至少能讓母親在夜晚溫暖入睡。彩子不斷低頭致意，向兒子說「謝謝」。

過了幾天後，貴志因為不放心又再度造訪老家。令他驚訝的是，買給母親的新被子仍裝在塑膠包裝袋內，被放置在寢室裡，看來沒有使用過的跡象。母親仍裹著那件破被子。

貴志詢問：

「母親，怎麼了嗎，為什麼不蓋新被子啊？」

彩子一臉不好意思地回答：

「因為這是貴志你用辛苦工作的錢買給我的寶貝被子啊。這個家這麼破爛，要把它攤在地板上來用，讓我覺得這條被子好可憐。」

貴志聽到母親如此珍惜自己送給她的東西，深受感動，心想無論如何都得將母親從這種狀況中拯救出來。不能再將她丟在這個不幸的深淵，獨自拂袖而去。

「嗯，母親，離開這個家吧？」

「咦？」

「我會在這附近的華廈買間房子，我們就一起住吧。反正麵店已經不行了吧。而且也沒必要再跟爸繼續住了，以後就靠我的薪水養妳就好。」

對一雄沒有半點留戀的彩子，沒有拒絕兒子的理由。

二〇〇六年，貴志申辦了二千萬日圓的房貸，買下與老家之間隔著京急本線軌道，坐落於另一側的華廈。新家位於三樓，為兩房兩廳一廚房的格局。彩子離開一雄，帶著少量的行李入住新屋。

貴志覺得自己終於可以報答母親的養育之恩，讓她過得幸福。接下來只要自己努力開車賺錢就好。

搬來這棟華廈後，貴志與彩子總算擁有了母子相依為命的平穩生活。這是貴志從懂事以來便熱切渴望的事物。

對貴志來說，每天都令人感到欣喜雀躍。計程車司機的上下班時間雖不固定，但無論是早上或晚上回到家，都有彩子為自己等門，並把家裡打掃得乾乾淨淨。洗好的衣服被熨燙整齊，餐桌上有媽媽親手做的家常菜。孩提時代幾乎沒有全家人坐在餐桌用餐的記憶，所以光是母子相對而坐，吃著熱騰騰的飯菜，自然就會笑逐顏開。

對彩子而言，這也是跟一雄結婚以來，首度擁有的自由時光。除了包辦家事之外，她還會搭電車去購物，或在傳統咖啡廳悠閒地點杯飲料來喝。對比從早忙到晚，為生活不停操心的過往歲月，彩子無疑是擁有了全新的人生。

然而，這樣的好日子卻沒持續多久。搬來與兒子同住幾個月後，彩子騎自行車外出時，被一台突然闖出的大卡車撞飛。

彩子被重重摔在柏油路上，不但頭蓋骨凹陷，而且右眼球幾乎掉出來，身負重傷。她隨即被救護車送往醫院急救，好不容易才撿回一命，但右半身從此麻痺，右眼失明，亦失去嗅覺。除此之外，還有上下顎無法順利動作的問題，咀嚼食物也變得很困難。

彩子在結束長期的住院生活後，回到華廈的住處，但她的生活已與之前截然不同。她因為後遺症的緣故，無法做任何家事。貴志惦記著母親，會趁著工作空檔帶彩子去醫院做復健，做飯洗衣也全都自己來。這是他費盡千辛萬苦，好不容易才擁有的幸福生活，所以他想盡量減少彩子的負擔，讓日子能回到車禍前的狀態。

在這起事故過了幾個月後，一雄突然出現在兩人眼前。彩子與一雄分居後，依然維持著婚姻關係，因此戶籍與保險資料皆未曾變更，一雄因為這樣才得知車禍的事。

一雄對母子倆表示：

「是那台大卡車肇事惹的禍嘛，那這樣不就可以跟司機要賠償金，而且應該也能領到保險金，所以就交給我來辦吧。」

他是因為嗅到錢的味道才找上門來的。

母子倆百般不情願，但一雄手中握有資料，受益人也是他，只得無奈地交給他處理。

又過了幾個月後的某一天，一雄得意洋洋地來到貴志居住的華廈。笑容滿面地說道：

「我投保了互助保險，總共拿到二千四百萬日圓左右的理賠金呢！」

不過，他隨即表明：

「這件事是我搞定的，所以這筆錢全都歸我，可以吧。」

貴志回應：

「這是什麼意思。父親你哪有資格拿走母親的理賠金。出車禍的人是母親耶，這也未免太莫名其妙了。」

「我們家有數百萬日圓的債務，欠錢就得還啊。」

「是父親揮霍才敗光了家產吧。」

「麵店是我們夫妻倆一起經營的。再說，為彩子投保的費用可是我出的耶。反正，這筆錢我是要定了！」

一雄說完自己的主張後便揚長而去。

對此，向來溫和的貴志也忍不住暴怒。他不懂為何父親會對出車禍而變成嚴重殘障的母親，做出這種猶如趁火搶劫的剝削行為。

貴志召集了一眾親戚來說服一雄。他們家向親戚借了很多錢，而且幾乎都是彩子低聲下氣拜託來的。貴志心想，與其要把理賠金交給一雄揮霍，拿來還給親戚還比較實在。親戚們也因為期待能收回債款而齊聚一堂。

這天，一雄遲遲未現身於貴志與親戚們碰面的場所。都已經過了約定的時間，仍未收到任何聯絡。眾人苦候多時，一雄才姍姍來遲，但喝酒喝到滿面通紅，嘴裡飄散著酒臭味，腳步也踉踉蹌蹌。

大家開始溝通討論，起初一雄連話都說不清楚，只是一味叫囂，後來還不客氣地伸手戳貴志的頭、說些瞧不起親戚的話，雙方根本無法好好對話。

貴志忍無可忍地發難：

「父親，別鬧了啦。那筆錢就拿來還欠親戚的錢，就這麼說定了。」

一雄聞言，情緒激動地吼道：

「開什麼玩笑！就跟你說那筆錢是我的！」

一雄作勢撲向貴志動粗，在場的親戚們則將他團團圍住。一雄自知寡不敵眾，揚言下次要拿家裡的菜刀弄得血染衣衫。

「你們敢打那筆錢的主意，我就切腹死給你們看！」

言下之意就是，屆時他會不惜拿菜刀切腹自盡。他應該是認為只要把事情鬧大，大家就會乖乖聽自己的話吧。

貴志回憶道：

「那天看到父親發狂的樣子，心想再說下去也是枉然。而且，日後就算再如何找他溝通討論，應該只會得到同樣結果吧。所以我跟父親說『我會把部分理賠金給你，但你得跟母親離婚，再也不跟我們往來。』我寧願付錢以求斬斷跟他的關係。父親也因為有錢可拿而表示同意。就這樣我跟父親斷絕了父子關係，將剩下的理賠金拿來償還老家的債務。」

後來，聽說一雄花光了所有的錢，最後流落東京台東區的山谷貧民窟。他在這裡領了好幾年的生活補助後，獨自一人寂寥地離世。

貴志終於擺脫了一雄所帶來的束縛，並暗自發誓，要比以前對彩子更好。二〇〇二年因放寬計程車經營資格限制，導致此業界的前景變得不明朗，不過只要做出一番成績就能獲得相應的收入，也是這項工作的優勢。貴志一日復一日地跑遍大街小巷尋覓客人，休假日則帶著彩子外出，一起在居酒屋品嘗杏仁酒、上小酒館歡唱喜愛的歌曲。聽聞母親喜歡單口相聲藝人綾小路君麻呂，還特地買了表演會門票，坐一小時的電車前往會場同歡。

貴志之所以如此孝順母親，與他早早放棄與女性共結連理這一點有很大的關聯。在他出了社會後，依然跟年幼時一樣不善與人交際，更無法看著女性的眼睛說話。正因如此，他才一心想打造母子二人其樂融融相依為命的生活，作為無法自組家庭的補償。

對不善交際的貴志來說，石原正與宮城亮是他僅有的男性朋友。這兩人都是因為計程車工作而結識的夥伴，彼此的共通點就是，他們都跟貴志一樣對彩子非常照顧。石原經常去貴志家喝酒，陪彩子聊天；宮城則會在重陽節陪著母子倆去逛水族館。在貴志的心目中，朋友的定義就是願意對彩子展現友善體貼態度的人。

二〇〇八年，發生了對日本經濟造成劇烈衝擊的事件。起因於前年美國次級房貸風暴的雷曼兄弟倒閉事件，引發全球性金融海嘯，巨大的浪濤亦擴散到日本來。

日本許多產業營運皆陷入泥沼，新年開始交易日後企業的股價依然持續下跌。大企業為了存活下來，大刀闊斧地進行事業縮編與裁員。此舉對中小企業帶來極大的負擔，因而爆發倒閉潮與失業潮。

這對日本計程車業界也造成嚴重的打擊。因放寬經營資格限制，業界已呈現飽和狀態，再加上這波不景氣，每輛計程車的平均載客數也跟著大幅下滑。

這一年，貴志正好迎來人生的轉捩點。他因為無違規無肇事、認真工作的優良表現，取得經營個人計程車的資格，接著購車、自立門戶。他也明白雷曼兄弟倒閉事件導致景氣嚴峻，但待在車行上班也不見得比較穩定。有鑑於此，雖然經營個人計程車初期需要投入一筆資金，但貴志判斷收入應該會有所增加。

貴志以母親的生日數字作為新車的車牌號碼，展開第二人生。然而，他的判斷卻過於天真。不但跌落谷底的景氣遲遲未見起色，而且許多失業的人紛紛轉至此業界發展，導致司機們比以往更難賺到錢。夜晚的繁華鬧區排滿了計程車，甚至多到無法停車的程度。耗了好幾個鐘頭好不容易載到客人，但只跳一了次錶的情況也很常見。收入銳減，連帶導致家中經濟陷入困難。

貴志如此描述當時的心境：

「要經營個人計程車，除了買車之外，還有很多必須花錢的地方，因此我新辦了貸款。再加上原本的華廈房貸，每個月約須償還三十五萬日圓。一般來說個人計程車的月收入大概六十萬日圓，所以根據我當初的規劃是有辦法維持生計的。

可是，在我開始經營個人計程車後，整個業界所面臨的情況比我所預想的還要糟。原本應該要比在車行上班時賺到更多的錢，實際上卻比以前更差。事到如今也無法回頭，只能努力撐到景氣復甦，但在這之後情況日益惡化，月收入降到十五萬日圓左右，甚至連貸款都付不出來。」

儘管還有彩子的年金多少可以應急，但要填補每個月的赤字只能不斷向消費者貸款（高利息的信用貸款）借錢。然而，景氣落底依然不見反彈，計程車業界的結構也未有大幅改善，只有債款如滾雪球般愈滾愈大。

在這個時期，發生了一件令貴志失去工作熱忱的事。與他私交甚篤的好朋友石原，罹患不治之症。在他前往探病、見石原最後一面後沒多久，好友便撒手人寰。貴志生平就這兩個朋友，如今卻走了一個，令他的心破了一個大洞，整個人失魂落魄。

雪上加霜的是，另一項沉痛的打擊又接踵而至。二〇一一年三月十一日，震央位於三陸近海，地震矩規模九・〇的東日本大震災，重創日本列島。福島第一核電廠的事故，導致供電量不足，不但東京的許多企業與商店被迫休業，油價也跟著飆漲。

站在貴志的立場來看，儘管面臨著負債累累、岌岌可危的狀態，自己仍舊努力求生存，但無情的大環境，令他覺得所有的心血彷彿被連根拔起，全都白費。街頭巷尾不見人影，經濟活動停滯，在這樣的狀況下，任憑個人如何努力，效果都有限。

貴志因為前途未卜而嚴重失眠。想像還不出錢來的自己將會有何下場，便感到反胃想吐，全身狂冒汗。他每晚都大量飲酒，借酒精之力驅趕滿腦子的不安，否則就無法入睡。他的飲酒量日益增加，家中到處是四公升裝的廉價燒酎（酒精濃度較高的蒸餾酒）瓶子。

住在同一屋簷下的彩子則悲傷地看著兒子沉溺於酒精的喪志模樣。她現在行動不便，無法出外兼差打工貼補家用。說些流於表面的安慰之詞，也無助於改善生活。唯一能做的只有默默聽兒子發牢騷而已。

就在某天，貴志的身體出了狀況。在他沖完澡準備出門工作時，雙腳就像被釘住般動彈不得。無論如何使力，兩條腿就是沉甸甸地無法往前進。原來他已在不知不覺間出現了憂鬱症的症狀。

然而，身體再怎麼不舒服，貴志仍必須鞭策自己出門工作。身為自營業工作者，一天不工作就少一天的收入。對此他表示：

「我沒閒功夫去想憂鬱症這件事。總之滿腦子就是只想工作，盡量還錢。畢竟，債務再累積下去的話，車子就會被收走。這樣一來就無法工作，也必須搬出華廈，我和媽媽兩人就得流落街頭。所以，就算身體僵硬到動不了，用爬的也要爬到車上，出門工作。」

被逼到絕境的貴志，腦中似乎不存在著求助日本社會保險制度的這個選項。

處境艱難的貴志，接著收到堪稱致命打擊的噩耗。他的另一位好朋友宮城，因病驟逝。今後在私生活方面，能讓貴志商量請益、談天說地的對象，連一人都不剩了。甚至再也沒有可以傾訴煩惱的對象。

貴志從那陣子開始會動念自殺。

——乾脆死掉不就能解脫了嗎。

這樣的念頭不經意地掠過貴志的腦海。他猛然回神，要自己別胡思亂想，卻又不知不覺地浮現同樣的想法。而且這樣的情形日益頻繁地發生。

貴志的記憶力在這個時期明顯衰退，一週工作了幾小時、休假日做了什麼，幾乎都記不清楚。除了情緒沉重又低落外，再加上倦怠感、失眠、食慾不振等情況，才會導致腦袋無法運轉吧。他腦中完全沒有求醫的念頭，一天的工作結束後，只覺得必須補充睡眠好應付隔天的工作，因此習慣性地大量飲酒，一瓶接一瓶喝到不省人事為止。

在這樣的生活狀態下，自殺的念頭便在他的心中日漸茁壯。根據精神醫學的研究，超過九成的自殺者，皆曾出現包含憂鬱症在內的精神疾患徵兆。貴志的情形亦非例外，研判是心理疾病導致他想尋短的情緒不斷發酵。然而，他因為沉溺於酒精而對此無所覺，與兒子同住的彩子亦未能察覺此事。

二〇一五年五月二十六日的清晨，貴志在幾乎載不到客人的情況下，結束夜班回到華廈。他換好衣服躺進被窩裡打算睡一覺，卻完全睡不著。早上六點過後，天色已然轉亮，傳來小鳥的啁啾聲。他放棄補眠，取出四公升裝的燒酎瓶，直接在被子上斟酒喝了起來。

在他意識矇矓的腦袋裡，只想著明天就是卡費扣繳日，必須將錢匯入空空如也的戶頭裡。但這個月的收入依舊少得可憐，根本湊不齊所需的金額。難不成又得跟別家消費者貸款借錢來周轉嗎……。想到這裡，他也不得不承認，自己已步入無法靠一己之力扭轉困境的死胡同裡。

貴志無論喝再多的燒酎都無法產生睡意，中午過後便帶著彩子前往附近的超商。他打算利用店內的ＡＴＭ來籌措明天必須支付的款項。抵達超商，將卡片插入機台後，貴志如同往常般熟稔地進行操作。但看到機台的顯示畫面時，驚訝到瞬間停止呼吸。螢幕所顯示的訊息為，

〈**無法利用此服務**〉

借款金額已經達到規定上限，無法再多借用一毛錢了。

貴志在ＡＴＭ前抱著頭陷入慌亂。根據他後來的證詞，因為太過震驚，在這之後一小

時左右的記憶都是一片空白。店內的監視攝影機則拍下他神情狼狽，拚命對著收銀台店員說出「我領不了錢」這句話，以及不明所以地三番兩次進出洗手間的身影。現實的殘酷打擊，令他頓失理智。

接著，貴志所記得的只有自己從超商回到華廈後的記憶。他垂頭喪氣，拿起家裡剩下的燒酎狂飲。當人處於絕望的谷底時，愈喝只會愈覺得活著很痛苦。

貴志手握酒杯喃喃自語著：

「怎麼辦……再也借不到錢了，要完蛋了。」

彩子依舊噤口不語。貴志眼眶泛淚地說道：

「這樣連車子都沒辦法用ＥＴＣ，根本無法跑計程車，是要怎麼生活。」

透過借錢延緩下來的「破產」問題，如今已迫在眉睫。

彩子咕噥道：

「不然我問問鄉下親戚，看有沒有辦法借錢。」

「可以嗎？」

「你需要多少？」

「十三萬日圓左右……。」

他們已經跟親戚借了相當多的錢，也不知道能否順利籌得這筆款項。

彩子拿起話筒打給親戚。親戚聽完她的說明後，要求換貴志接聽電話。應該是想確認貴志還錢的意願吧。

然而，貴志卻不肯接過電話。他害怕會被指責說——先前欠的都還沒還完，又想借錢周轉。親戚則對貴志的態度十分火大。

「如果貴志不肯接電話，那就沒辦法借錢給他。」

「可是……。」

「不接電話的意思就是不打算還錢吧。那怎麼可能把錢借給他。」

電話隨即被無情地掛斷。這下彩子也幫不了任何忙了。

貴志沉默不語地握著酒杯，將燒酎一飲而盡。浮現在他腦海中的是「自殺」這兩個字。與其失去一切，與母親兩人流落街頭、悽慘落魄，倒不如消失在這個世界上。

他握緊酒杯說道：

「不如，我們去死吧。」

已屆七十四歲的彩子，每個月能領到的年金金額為四萬日圓。儘管領有三級身心障礙證明，但卻不符合請領日本身心障礙年金的資格，因此只能領取國民年金。應該是從前有過未繳納保費的紀錄，才會導致給付金額被打了折扣吧。

彩子回應：

「最好是能死得乾脆，但這有辦法做到嗎？」

「可以的，家裡有木炭，可以死得輕鬆。」

房間一隅還擺著幾年前為了露營所買的木炭。貴志心想，只要產生一氧化碳，應該就能像睡著般地死去。

彩子沒再多說一句話。或許她也沒有自信能夠拖著這副殘破的身軀，獨自活下去。貴志看著母親的神情，判斷她同意母子倆共赴黃泉的提議。

貴志在這之後沉默了數十分鐘的時間，不停地喝酒。恐怕是想藉由醉意來分散對死亡的恐懼吧。終於下定決心後，他站起身，雙手環抱著木炭走進廚房。確認窗戶與房門都已關上後，將裝著木炭的盤子放到瓦斯爐口上，旋轉開關點火。

見貴志茫然呆站在廚房裡，彩子出聲提醒：

「都是燒焦味耶！」

貴志猛然回神，這才驚覺臭味四溢。仔細一看，置於瓦斯爐上的盤子是塑膠材質，已被燒熔。

他急忙將盤子丟進流理台的水槽內滅火。但愈想愈覺得自己很沒用，究竟是在搞什麼，連尋死這件事都做不好……。

他重整情緒，這次改用平底鍋置於瓦斯爐口，接著放上木炭。用火炙烤不久後，木炭開始冒出淡淡的煙霧。貴志心想，這樣就可以輕鬆死去了。

他問彩子：

「最後要喝一杯嗎？」

「好啊，喝一下吧……。」

他從櫃子取出玻璃杯，以咖啡利口酒加牛奶調製成卡魯哇牛奶雞尾酒。

母子倆沉默不語，並肩喝酒。瓦斯爐口上的木炭靜靜地燃燒。幾乎未發出任何臭味。

彩子喝了半杯左右的卡魯哇牛奶雞尾酒後，安靜地站起身，躺進鋪在地板上的被窩內。她緊閉著雙唇闔眼。貴志突然感到不捨，喝光杯中的燒酎後，跟著躺在彩子身旁。開始與彩子同住後，貴志曾數度撒嬌，表態要跟彩子蓋同一條被子入睡，但每次都被彩子以「別跑來跟我擠」回絕。不過，此時她卻默默接受了。或許她亦想跟兒子躺在一起離開人世。

貴志與母親肩並肩，感受著她的溫度，接著閉上雙眼。他喝了相當多的酒，意識逐漸變得模糊。這下總算可以逃離背負債務的痛苦了。他整個人被不可思議的安心感包圍，沉沉睡去。

約莫經過三、四個鐘頭，貴志在夕陽西下的薄暮中，因頭痛欲裂而醒了過來。

他睜開雙眼，但視野模糊，分不清現在是什麼情況。而且全身僵硬麻痺，無法站起身，並湧現強烈的嘔吐感。因為動彈不得，整個人匍匐在地，吐了又吐。

貴志根本沒有餘裕去想究竟發生什麼事，難受得在地上打滾，發出痛苦呻吟聲。不僅是手腳，就連指尖都像鉛塊那般重，奮力掙扎想站起身，旋即又跌倒在地。而且不知是口水還是胃液，黏稠的液體不停地從嘴巴流下來。到底為何會變成這樣。

貴志的視線捕捉到躺在被窩內的彩子身影。她閉著眼睛一動也不動。貴志死命地張口呼喚，但她毫無反應。位於腦中某個角落的記憶於焉甦醒。

——對了，我正打算自殺呢。

他往廚房看去，瓦斯爐上的木炭已燃燒殆盡。

貴志四肢貼地往被窩處爬去，湊近彩子的臉龐一瞧，這才發現她臉上的血色盡失，沒有呼吸，手臂與臉孔已變得冰冷。只有母親死了。貴志腦中一片空白，他想再自殺一次，與母親共赴黃泉，但身體完全不聽使喚。貴志維持著匍匐在地的姿勢，因懊悔與內疚而眼淚直流。

凌晨三點過後，貴志身體麻痺的情況終於有所緩解，總算有辦法站起身。但一顆腦袋依舊劇烈疼痛，噁心感宛如海浪般撲來。儘管如此，他還是踩著搖搖晃晃的腳步，走出住家的華廈。貴志心想，事態既已演變至此，必須前往警局自首才行。

從住處到轄區警察局，僅有短短一百五十公尺左右的距離，但貴志走走停停，彷彿在攀登氧氣稀薄的高山般。位於國道前方的警局燈光近在咫尺，卻令貴志覺得無比遙遠。

好不容易抵達警察局，貴志通過自動門，整個人癱在正面櫃台前。值班員警抬起頭，一臉訝異地詢問「發生什麼事了」。貴志忍受著喉嚨的疼痛，以沙啞的聲音說出：

「我、殺了媽媽……。」

員警又再問一次，貴志接續道：

「因為生、生活太苦，原本打算同歸於盡，結果，只有我沒死成，才來這裡的。」

值班員警連忙飛奔至後方辦公區，向上司報告此事，只見警局內部一片譁然，其他員警也圍了過來。辦案員警為了掌握狀況，問了各式各樣的問題，但貴志連站著都有困難，根本無法好好聆聽這些內容。

半年後，於東京地方法院所舉行的公開審判，將貴志的罪名定為「受囑託殺人」，亦即受對方依賴而做出殺人行為。

在法庭上，貴志幾度對這個罪名感到困惑。自己是打算偕同母親自殺，並沒有犯下「殺人」行為。法官向他解釋，在相偕赴死的情況下，若像他這樣處於主導的立場，便會依受囑託殺人的罪嫌來進行審判，但他似乎還是無法冷靜下來好好理解。

審判的爭論點在於，彩子是否具有自殺意圖。法官經由貴志的證詞，認同此點，並做出下述判決。

——有期徒刑三年，緩刑五年。

公審結束後過了一段時間，筆者因採訪此案之故而收到貴志來信。他告訴我，自己已回到成為命案現場的華廈生活。雖然這個家留有他與母親共度的美好回憶，但因為繳不出貸款，近日就得搬出去。

4　那傢伙持刀要殺我〈精神病患與家屬〉

二〇一五年，發生於東京郊外的某個命案現場，就連年輕員警都能看出情況有多弔詭而不自然。

現場是坐落於住宅區的一棟大房子。這戶人家是方圓百里眾所周知的「資產家」，並經營著位於住家附近的停車場與公寓。住在這裡的則是一對四十幾歲的姊妹，以及其中長姊讀小學的女兒，一共三人。

在五月上旬的某日凌晨，從這戶人家撥了一一〇電話報案，發話者表示有一名家人自殺。警方出動了好幾台警車趕來確認，只見鄰近玄關的木地板房內，倒臥著被毛毯覆蓋，時年四十五歲的長女。一把水果刀深深刺入遺體的喉部，地板化作一片血海。

當時在現場的是住在這個家的四十三歲次女，以及一名四十四歲男性友人，還有定居千葉縣的三十七歲么女。

三人異口同聲地表示：

「大姊在玄關自盡，拿刀子刺入喉嚨喪命。」

警方無法全然相信這番說詞。經調查遺體後發現，除了插進喉部的水果刀外，頸部還有遭黑色皮革皮帶纏繞的痕跡。皮膚留下被緊緊勒住的明顯傷痕。

若真的是自殺的話，等於死者先用皮帶勒住自己的脖子，再拿水果刀往喉嚨一刺了結性命。然而，任何人馬上都能明白過來，這樣的自殺方式一點都不自然。警方決定先將遺體送往警局進行調查再說。

幾天後，根據相驗結果，長女死因為頸部受到壓迫造成的窒息死亡。先是喉嚨遭刺，接著才被皮帶勒住脖子。喉部只有一處傷口，深達十一公分，刀尖斷掉留在皮下組織裡。死者身負頸動脈被割斷的重傷，在血液狂噴的情況下，不可能還可以自行勒住脖子尋短。

警方研判自殺的可能性低微，因此對當時置身現場的三人進行任意性的偵訊調查。當初三人堅稱長女的死因為自殺，但隨著偵訊的次數增加，三人的證詞也逐漸產生矛盾。

偵訊調查經過兩個月後，三人因殺人罪嫌被逮捕。因為他們終於向警方坦承，長女的死因並非自殺而是他殺。各大媒體聽到警方公布的消息後，皆朝著資產家三姊妹可能是為了爭產而發生糾紛的方向報導。一時之間甚至成為週刊雜誌與網路新聞的發燒話題。

然而，約於半年後展開的公開審判，釐清了事件全貌，而且與媒體報導的內容大相逕庭。整件事背後，其實是一個家庭的悲傷故事。

這起命案發生於東京都內，某座鄰近兩縣交界處的知名衛星城市。

西本家（化名，以下同）的宅邸，位於從車站徒步約五分鐘距離的住宅區。這棟屋頂以瓦片鋪設而成的兩層樓高建築，比其他住宅大上許多，大門與主宅之間則有一座綠意盎然的庭院。這戶人家除了擁有位於家門前的廣大停車場外，還在附近經營公寓出租的生意。某家媒體還曾試算過，他們一個月的房地產收入大約有一百二十萬日圓。

原本這個家住著一對夫妻與三名女兒，長女冬美、次女繪里子與么女雅代。冬美與繪里子相差兩歲，繪里子則與雅代差了六歲。

根據附近居民表示，父親雖是資產家，但仍在電力公司上班。三姊妹感情融洽，過著不愁吃穿的學生生活，成年後也持續跟親戚保持密切互動。尤其與舅舅家的親人關係良好，每逢生日就會三人結伴去慶生。

據聞長女冬美是三姊妹中最富有責任心的一位。自護理學校畢業後便在醫院擔任護理師，過了幾年後率先出閣，搬離家裡。

次女繪里子與長女截然不同，個性自由奔放。她是一名派遣員工，熱愛旅行，會利用特休四處遊玩。她在三十出頭時結婚，隨後與丈夫搬到北海道定居。

么女雅代因為與兩位姊姊差很多歲，據悉從小嬌生慣養，個性較為我行我素，行事冷靜而不易受到動搖。在兩位姊姊結婚之後，仍繼續住在老家一陣子。

看似一帆風順的這一家人，在繪里子搬到北海道隔年的二〇〇三年，開始烏雲罩頂。

這一年，冬美在三十五歲時誕下第一個孩子，取名為夏花，是一個健康又可愛的女嬰。

冬美以前是護理師，因此對育兒充滿幹勁，覺得可以發揮所長，活用過去的工作經驗。但或許是認真負責的個性使然，日積月累的育兒壓力令她心理健康逐漸出問題。不久後，別說是育兒了，就連與家人的生活都無法維持下去。她會為了小事而陷入恐慌，又哭又叫，抑或把自己關在房間裡。與丈夫之間的關係亦出現裂痕。

對自身的異狀有所自覺的冬美，前往身心診所就醫。醫師告訴她：

「這是憂鬱症喔。我會開藥給妳。」

冬美遵照醫師的指示開始服用抗憂鬱劑等藥物，但病況卻一天比一天惡化。光是聽到夏花的哭聲就會令她驚慌失措，與丈夫打照面則衝突連連。家庭形同分崩離析。

就在某一天，冬美決意離開丈夫，帶著夏花回到娘家。丈夫亦認為無法再繼續與冬美維持夫妻生活，因而同意她將女兒帶走。

在這個時期，娘家只剩父親新平與母親利子兩人。么女雅代已在前些日子結婚，搬離家裡。新平與利子願意接納長女與孫女搬回來同住，但要跟患有心理疾病的冬美一起生活卻是困難重重。

冬美無法控制自身的情緒，每天對父母親破口大罵無數次。兩老若是回嘴，哪怕只有一句，就會遭她一陣痛罵、被丟東西攻擊，抑或看著她破壞家具出氣。冬美甚至還曾手持剪刀意圖攻擊父母親。研判病情應該相當惡化。

這對初老夫婦在精神層面上已經承受不住這樣的情況。若只有冬美一人的話，看是要把她趕出家門，或是夫妻倆結伴逃跑，總是有辦法可以應付。問題就在於，冬美會對夏花做出無異於虐待的行為。放棄育兒、怒罵連連、動手體罰等情況實屬家常便飯。只要一想到夏花，就會令他們無法狠下心來與女兒做切割。

新平與利子認為再這樣下去，會對夏花的成長造成不良影響，再三提醒冬美要善待孩子，但她聽到這些話總是怒不可遏。

「你們一點都不了解我的心情，憑什麼說這種話！最好你們也都得到憂鬱症！然後跟我一樣痛苦不堪，死了算了！」

在病情不穩定的時候，冬美不只會對他人造成危害，也會傷害自己。有時家人以為她只是情緒低落，卻將自己關在房間好幾天，反覆說著「我好想死。誰來殺了我吧」，鬧到最後會吞下大量的藥物或割腕自殘。

新平與利子覺得，如果冬美是獨自尋死的話也就算了，但就怕她把夏花拖下水，令他們如坐針氈。夫妻倆能想到的救兵，就是嫁到北海道的二女兒繪里子。

在這個時期，繪里子依舊在北海道享受著無拘無束、自由自在的生活。對於喜愛旅行的她來說，只要開一小段路就能投入大自然懷抱的北國生活，想必相當愜意。再加上沒有孩子，每逢週末就會跟丈夫去外面餐廳用餐、前往觀光景點遊玩。

在她搬來北海道約一年後，開始收到來自東京的雙親找她商量冬美情況的簡訊或電話。

〈冬美發飆，亂砸家裡的東西。〉

〈她嚷著想死，還真的跑去上吊。〉

〈她今天也拿菜刀衝向我們。〉

全都是這種令人感到揪心的內容。

每當接到老家的聯絡時，繪里子會耐心聽完父母抱怨、給予建議，但透過電話與簡訊能幫的忙實在有限。在她感受到雙親的壓力已達臨界點後，便與丈夫商量，返回東京的老家小住幾日。她原本的用意只是想幫爸媽紓解一下壓力，但兩老除了繪里子以外，沒有其他人可以求救，因而愈發依賴她。

繪里子如此描述當時冬美的情況：

「大姊把自己關在家裡，處於完全無法育兒也無法做家事的狀態。總是說著『要是沒生下女兒就好了』、『我會變這樣都是父母害的』這種話，然後失控抓狂。我們曾幾度把她送去精神病院，但一點都不見起色，導致媽媽非常怕她，整個人身心交瘁到隨時都會倒下來的程度，我也因為這樣回老家幫過好幾次忙。大姊似乎看我不順眼，只要見我在家就會說『妳一來家裡就會變髒亂』；吃我做的飯菜則抱怨『難吃到吞不下去』直接吐出來。想到我的爸媽每天都得面對這些，他們該有多折磨。」

待在老家的期間，繪里子總是守在夏花身邊片刻不離。朋友約她見面也只能婉拒，無論是外出購物或是去銀行都待在一起，甚至就連睡覺也都蓋同一條被子、抱著夏花入眠。

夏花喜愛繪里子的程度遠勝於親生母親，每次繪里子要回北海道時總是哭個不停，說著「再多待幾天嘛！」、「下次什麼時候來看我？」繪里子每每聽到這些話都覺得心疼不已，卻也只能抱著夏花安撫「我很快就會再來」。不知不覺間，在繪里子心中，夏花儼然是親生女兒般的存在。

除了家人以外，三澤剛是繪里子唯一可以商量冬美情況的對象。兩人的相識經過則要從好幾年前說起。繪里子婚前為派遣員工，當時所任職的公司主管正是剛。

剛已有家室，卻對在同一職場工作的繪里子頻頻示好。他們曾一起吃過幾次飯，但剛的愛慕最後無疾而終，繪里子選擇與其他男性結婚並移居北海道。

兩人在二〇〇五年的秋天重逢。剛忘不了繪里子，與她取得連繫後去北海道旅行。他們在札幌車站碰面，前往啤酒園，接著共進晚餐。

當時他們並未發展成男女關係，但剛在翌年一月、二月接連造訪北海道，向繪里子訴情衷。繪里子被剛的情話打動，與他共度一宿，後來會開始對他傾訴老家的事。剛總是誠懇專注地傾聽。

繪里子表示：

「在我的規劃裡，原本打算一直在北海道生活，畢竟我的家庭就在那裡。可是，跟剛先生聊過幾次老家的問題後，我逐漸認為搬回東京也是一個選擇。光靠我父母硬撐，家裡的狀況不會有任何改變，而且夏花也需要有人來代替母親的角色。這件事只有我能辦到。只不過，若問我真的有必要做到不惜跟丈夫離婚，也要搬回老家的程度嗎，其實我也不知道。所以一直拖延，遲遲未做出決定。」

但後續發生了一件事，令繪里子的心意不再動搖。老家的父母親亟欲想辦法改變現狀，因而將冬美帶往大學附設醫院，半強迫地為她辦了住院手續。因為他們認為再這樣下去，全家人都會跟著累倒。

住院生活卻以失敗告終。冬美拒絕接受治療，大吵大鬧，對護理師和其他患者造成許多困擾，只待了兩週便出院回家。冬美將滿腹怒氣發洩在送她進醫院的父母親身上。

「誰叫你們自作主張強迫我住院！我絕不原諒你們！」

因為這件事，導致冬美對待雙親的態度比以往更為惡劣。永無止息的怒吼聲與暴力行為在家中蔓延，夏花的哭喊聲更是不絕於耳。

繪里子得知此事後認為，只有自己挺身而出，才能拯救家人，因而做出這項決定。

——**我要回到東京，以夏花母親的身分活下去。**

這就是她的決心。

二〇〇六年春天，繪里子離婚後，回到東京老家。一切都是為了保護夏花，讓自己能好好把她帶大。繪里子的決心堅定，也不想因為異性的事落人口舌，因而暫時不跟剛見面。

繪里子在老家與雙親並肩作戰，組成合作無間的團隊。三人平均分擔家務、陪夏花玩耍與學習，合力制伏情緒不穩的冬美。而且還會一起互吐苦水，壓力也因此減輕了不少。

繪里子幾乎將自己的時間都花在夏花身上。吃飯時必定全員到齊坐在餐桌上，星期六、日會帶夏花去遊樂園或公園等各種地方玩，晚上會唸繪本給她聽，直到她入睡。正因為不是親生母親，反而令繪里子投注更多的關愛。能做到這種地步，應該是因為有房地產收入，能百分百地將全副精神集中在家內事的緣故吧。

即便如此，對三人而言，冬美的心情好壞就像一顆不定時炸彈，令他們每天都過得戰戰兢兢。繪里子回憶道：

「我跟父母親在家裡真的一刻不得安寧。比方說，有一天晚上，我跟夏花已經入睡了，大姊突然拿著繩索，闖進房間大發雷霆。她在我們面前把繩索纏在脖子上，吼著『用這勒緊我的脖子！我不要再過這種痛苦的人生。快殺了我！』看到我們一臉為難不肯行動，她便氣急敗壞地轉而攻擊我們。不分白天或晚上，她總是會突然發作，所以我都不敢放夏花自己一個人在家，必須時刻戒備。」

繪里子認為，在她與父母三人還有辦法合力制伏冬美的時候，應該讓冬美在專科醫院接受治療才是辦法。她與父母討論此事，接著帶冬美前往全國知名的大學附設醫院，並安排姊姊住院。

結果依舊事與願違。冬美又在院內大吵大鬧，僅待了十天便回到家裡。冬美認為自己遭到家人欺騙，對他們發洩滿腔的怒火。

「你們三個，竟然又再一次自作主張把我送進醫院！」

「我們不是要害妳，是希望妳能好轉。」

「少騙我了！我要把你們都殺掉！」

出院後有好一段時間，冬美在家的情況嚴重到三人聯手都無法招架的地步。相信這應該也夾雜著無人願意理解自己的病有多痛苦的不甘心情緒吧。有鑑於此，繪里子與父母決定先暫緩治療，就像三支箭般齊心協力，只憑自家人的力量來因應處理。

然而，這樣的生活卻無預警地瓦解。二〇一一年的年初，父親新平因腦溢血而突然昏迷。雖即刻送往醫院進行搶救，但約莫半年後溘然長逝。

全家人當中就屬利子所受到的打擊最大，在喪禮過後因傷心過度而臥床不起。繪里子鞭策自己要連同父親的份好好努力，來維持這個家的生活，但這對身心所造成的負擔遠遠超乎她想像。失去家中唯一的男性，不但所有粗活都得自己來，若冬美情緒又失控，只能獨自奮戰來制伏她。其他還有一大堆與房地產管理相關的工作等著她處理，例如公寓的清潔作業、排解房客之間的糾紛等等。

繪里子因為這樣又開始與許久沒往來的三澤剛聯絡，再度找他商量家庭煩惱。她需要男人出力幫忙，也想有人來分擔她心裡的重擔。剛在不久前已離婚，現在是單身狀態，因此樂於幫忙修理家電與搬東西等粗活。兩人的感情迅速升溫，繪里子便對母親與妹妹雅代表明三澤剛這號人物的存在。

不久後，災難又降臨在這家人身上。好不容易從失去丈夫的悲傷中振作起來的利子，發現自己得了癌症，而且是進展快速的甲狀腺癌。利子馬上開始接受治療，過起頻繁往返醫院的生活。繪里子的負擔因而變得更重。

剛憶起當時這個家庭的情況時表示：

「自從伯母被檢查出罹癌後，家中大小事以及醫院接送，全都由繪里子一個人包辦，真的很令人心疼。她打電話跟我討論這些事情時，經常說自己過得很煎熬。

繪里子會這麼辛苦是因為，除了家事與照顧母親之外，還必須獨自應付冬美姊。有時她們從醫院回來後，又得面對冬美姊的言語與肢體暴力。冬美姊有強烈的自殺意念，會命令家人『去採自殺用的毒菇來給我』，並在枕邊放一把水果刀，以便隨時都能尋短。若有個萬一，小夏花很可能就會被波及，所以繪里子應該時時如臨大敵，片刻都無法安心。」

三支箭僅短短一年左右的時間便折損兩支，導致繪里子必須獨自扛起所有的事。

雪上加霜的是，利子的病情不斷惡化到已無治癒可能的地步。她的體力日益衰退，能自理的事一項又一項地減少，令她愈發擔心起孤軍奮戰的繪里子處境。在她走了以後，光憑繪里子一個人是不可能有辦法應付冬美的。這成為她心中最為記掛的一件事。

某天，利子虛弱地對著前來探病的小女兒雅代表示：

「冬美真的很可怕。非常恐怖……。老太婆（利子）死了以後，就只剩繪里子一個人留在那個家，讓我很擔心……。」

雅代不知該如何回答才好。利子接續道：

「我這老太婆的病已經沒救了，所以豁出去也無所謂。」

「這是什麼意思？」

「真的把命豁出去都無所謂。乾脆在監獄裡死掉，我也沒關係的。」

雅代頓覺背脊發涼。沒想到母親居然被逼到說出想殺害親生女兒這種話的程度。

在丈夫離世兩年後的二〇一三年夏天，利子因甲狀腺癌病逝。在籌辦喪葬事宜期間，繪里子對今後家中情況感到戰慄的心情，遠勝過失去母親的悲傷。雙親接連撒手人寰，最終只剩自己一個人必須與冬美周旋到底。

喪禮結束後，繪里子的擔憂成真。那時利子的骨灰罈與遺照還安放於家中供奉，並以菊花花束祭弔。到了夜裡，繪里子與時年九歲的夏花端坐在遺照前時，冬美踩著重重的腳步聲突然闖進房間。她抓起花瓶，將瓶內的水往遺照潑去，接著拔起花束，將花瓶扔了過去。遺照泡水，應聲倒了下來。

夏花因為太過害怕而叫出聲來。繪里子連忙起身制止，

「姊姊，妳幹麼這樣啊！快住手！」

冬美揮開繪里子的手，對她拳打腳踢。接著拿起骨灰罈，徒手取出遺骨。更誇張的是，她居然把遺骨丟向嚎啕大哭的夏花。

情緒亢奮的冬美叫喊著：

「喂，夏花！看呀！是骨頭耶！」

夏花因為過於恐懼，當場失禁。繪里子則抱著夏花逃到別的房間。

那天晚上直到深夜，家裡充斥著冬美的怒吼聲。踢骨灰罈、捶牆壁的聲響不絕於耳。繪里子抱著夏花，只感到地獄般的生活已於焉揭開序幕。

秋天，繪里子家辦完利子的四十九日祭祀儀式後，回歸日常生活。

這座大宅邸只住著冬美、繪里子與夏花三人，照理說應該會覺得空蕩蕩。然而，一想到冬美隨時都有可能失心瘋，縱使房間再多，也無法令人心安。

在這個時期，冬美動輒將「好痛苦」、「活著很煎熬」等話掛嘴邊。雙親接連過世，或許也在她心裡留下深深的傷口。接著沒多久，放在桌上的處方籤與便條紙，都被寫上「我想死」、「想把大家殺了」的字跡。應該是心理疾病導致其自殺意念不斷膨脹吧。

繪里子每次看到這些紙條，便飽受恐懼情緒折磨。

——**說不定，大姊是真心想殺死我和夏花**。

晚上就算已入睡，只要聽到一點聲響，繪里子就會覺得是冬美發動攻擊而立刻驚醒。就連刀子或剪刀這類刀具放在視線可及之處，都還是會令她擔心，來回在家中巡視檢查。

經常接連幾天無法好好安睡的生活，導致繪里子的精神狀態每況愈下。不但無法正常思考，遇到突發狀況時，不安的情緒就會一發不可收拾，導致她淚流不止，或把自己關起來。也不敢與他人見面。

繪里子回憶道：

「我知道自己因為大姊的事而變得很奇怪。像是會突然心跳加速，整個人很不舒服、想起被施暴的事而陷入恐慌。當時我就想應該是心理健康出了問題，所以前往大學附設醫院的身心科看診。醫師告訴我：

『妳得了憂鬱症。應該是因為疲於應付姊姊所做出的「心理危機表現」而引起的。』

心理危機表現（Crisis call）指的是，為了讓他人知曉自身的痛苦，故意做出暴力或自殺未遂等行為。也就是說，我太過在意大姊所發出的各種訊號，導致我的心理健康出問題。

醫師開給我能穩定精神的處方藥，並建議我不要把大姊說的話放在心上，聽過就算了。不過，這些建議無法成為解決對策。因為這並無法保護我和夏花平安無事。」

繪里子決定放棄醫院這條管道，轉而尋求民間社福團體的協助。該團體為憂鬱症患者家屬提供各種援助服務。繪里子參加他們所主辦的座談會，向團體負責人說明家中情況，請益解決對策。

負責人回答：

「妳的狀態屬於『被傳染型的憂鬱症』。這是指，家屬在照顧憂鬱症家人的過程中，連自己都得到此病的情況。我以前照顧得憂鬱症的太太後，自己也變成那樣，所以很清楚。

重要的是，妳必須與姊姊保持物理上的距離。」

繪里子明白這個道理，但她必須靠著管理房地產來維持生活，所以此方法並不可行。

繪里子頓時覺得自己彷彿被醫院與社福團體排拒在外，只能對少數兩位能夠談話的對象，也就是剛和雅代訴說心中的怨懟與不滿。有時甚至一天會傳無數通簡訊或電話聯絡，抱怨連連。應該是因為除了這麼做之外，沒有其他可以吐苦水的管道吧。

查看當時的簡訊，可得知她已被逼到精神瀕臨崩潰邊緣的地步。

〈又挨揍了。似乎還得被揍１００次才會結束。或許我已經開始希望她去死了。〉

〈搞不好我真的會被她殺掉。又被揍了。她覺得我們瞧不起她，所以不會饒了我。〉

面對繪里子每天傳來的訊息，剛總是誠懇體貼地回覆。這當中應該也包含了對繪里子的愛慕之情吧。他甜言蜜語地讚美繪里子所做的努力，並表示自己願意幫任何忙。

繪里子愈發依賴處處為自己著想的剛，變得會對冬美展現出怒氣。對她來說，這或許是一種發洩壓力的方式，但言語間卻漸漸帶有暴力性質。

其象徵是在簡訊中頻繁使用「K」這個暗語。這個字所代表的意思為「殺害」。

〈她（※冬美）吃了安眠藥，整個人昏昏欲睡。我很認真地想著，要是趁現在的話就可以K掉她。〉

起初她應該只是想用「K」這個粗暴的詞彙，來表達自身難以言喻的情緒。然而，接連好幾天大量使用這個字，再加上剛頻頻附和，逐漸令繪里子認為這是唯一的解決之道。

以下為繪里子與剛的通聯紀錄。

剛　姊姊（※冬美）對我這個人的印象如何，如果妳知道的話，可以跟我說嗎？

繪里子　我最近沒跟她說你的事耶。只是一直在想如果（※我）殺了人該怎麼辦。

剛　妳是想殺了姊姊嗎。

繪里子　那當然。

剛　我願意替妳做這件事。

日後進行公開審判時，檢方指出這段訊息能成為三澤剛動了殺意的佐證，但他回答：「（這只是當時對話的氣氛使然，才隨手這麼寫）並非真心要殺人」。的確，他沒有任何迫切需要殺害冬美的理由，可推測只是在對話過程中附和繪里子而已。

然而，繪里子的情況就不同了。對冬美的憎恨與恐懼，在憂鬱症的推波助瀾下，逐漸演變為真實的殺意。

繪里子也傳給妹妹雅代類似的訊息。

〈我對這一切感到好累。或許死了還比較好。我從好幾年前就想著K這件事。或許只剩這個辦法了吧。我該動手嗎？也只能這樣了吧。〉

雅代得知繪里子長久下來竟對大姊心生殺意，而感到震驚不已。她向繪里子提議，一起去找舅舅商量家中情況，畢竟她們從小就跟舅舅很要好，相信他應該願意提供助力。

繪里子卻對此提案大動肝火。

「事情根本沒那麼簡單好嗎！以前將大姊送進大學附設醫院住院，結果她回來後怒罵連連，把家裡搞得天翻地覆。萬一去找舅舅商量這件事穿幫的話，不知會被（冬美）如何對付！我絕對不可能去問舅舅！」

「不然，去找警察如何？」

「這個方法更不可行！雅代妳完全不明白我們家的狀況。要是去找警察，我跟夏花肯定會被大姊殺了。除了我們動手殺她之外已沒有其他辦法了！」

近十年來受到冬美暴力相向的結果，導致繪里子被恐懼支配，腦中完全不存在對外求救這個選項。

雅代因為自己把老家的事都交給繪里子處理，自知沒有立場再針對這件事多說什麼。然後也跟剛一樣，就是傾聽繪里子的憤懣情緒，表面上同意她所說的。

繪里子 我在垃圾桶發現那傢伙（※冬美）的遺書。

雅　代 寫了什麼？

繪里子 寫說她要自殺。把這張紙保管下來，假如哪天我們K了那傢伙，之後也能（※向警察）推說是自殺。

雅代 那很好。能當成證據。

就雅代而言，她摸不透繪里子的真實心意，總之就是先順著二姊的意見做出回應罷了。然而，繪里子卻誤以為雅代支持自己的想法，而加深了她想殺害大姊的決心。

就這樣，在剛與雅代未察覺到事態嚴重的情況下，繪里子已在奔向通往血案的路上。

二〇一五年五月案發前一天，是天氣晴朗的星期六。這天，雅代自母親利子的喪禮以來，時隔兩年偕同丈夫與孩子們回老家作客。約莫從一週前開始，冬美就一直叨念繪里子「把庭院的樹剪一剪！」因此繪里子便拜託雅代，請她跟妹婿久志一起來幫忙整理庭院。在大人們忙著作業的時候，孩子們則在庭院內跑來跑去，玩個不停。

這天氣候溫暖，很有春天的氣息，大夥流著汗大約花了三小時的時間，將樹木修剪整齊。結束作業後，繪里子為了向妹妹與妹婿表達謝意，想說既然都特地來一趟東京了，便帶他們一家人前往東京車站。因為知道外甥們喜歡電車，所以想帶他們去看新幹線。

一行人在東京車站度過快樂的時光，繪里子則收到留在家的冬美所傳來的一封簡訊。

〈**庭院，完全不及格。要是害樹被蟲吃了該怎麼辦啊。白——痴。**〉

不知道冬美究竟是想要妹妹理她而找碴，還是真的不滿意庭院修剪整理後的狀態。

然而，繪里子看到這封簡訊後，面色鐵青地難掩動搖的情緒，直嚷著「必須回家重新整理一遍」。雅代與久志認為這不過是冬美隨口說說，別理她就好，但繪里子卻堅持己見。

「不行啦！不照做的話，我在家不知道又會被她怎樣對待！肯定又會被揍！」

至今被暴力相向的回憶倏地重現，令她渾身發抖。

無論雅代與久志如何挽留繪里子，她就是不肯聽，堅持要回家。夫妻倆傷透腦筋，但又不能自顧自地留在東京車站繼續玩，只得無奈跟著返回老家。接著他們再度著手整理庭院，從下午三點忙到日落。

這天晚上，回到千葉縣住處的雅代頓覺精疲力盡。只不過看了冬美一天的臉色而已，就已經累到這種程度，難怪繪里子會整個人變得陰陽怪氣的。

晚間八點，她沖完澡忘掉這些不愉快的事，在準備哄孩子們入睡時，電話響起。是繪里子打來的。一接起電話，便聽到從聽筒傳出的繪里子慘叫聲。

「呀——住手！好痛！住手！」

雅代急忙回應：「喂，怎麼了嗎？」依舊只聽到叫聲。仔細傾聽後發現，遠處還有夏花的哭泣聲。看來似乎是兩人正在躲避冬美的攻擊。

過了一段時間後，才聽到繪里子應答：

「喂，雅代嗎？」

「嗯，究竟發生什麼事？」

「拜託，救救我！大姊又發飆，我應付不來！」

據繪里子所言，當時她與夏花正在洗澡，冬美突然翻臉不認人地闖入浴室，用冷水猛潑兩人，並且宛如機關槍般滔滔不絕地說著，自己有多不滿意今天庭院整理後的樣子。在這之後冬美的情緒依然激動，乾脆跑到佛龕前，拿起叉子不停地亂刺祭拜用的哈密瓜，繪里子喊著「住手」試圖阻止她，她卻一臉凶神惡煞樣地吼叫：

「如果沒有妳們的話，我的人生就不會是這樣！殺了妳們！」

接著揮舞著叉子撲向繪里子與夏花，兩人不斷在家中逃竄，趁隙打電話給雅代求救。

電話那頭傳來冬美的怒吼聲。若冬美不滿的原因是起因於他們今天的造訪，那他們家也無法置身事外。雅代對丈夫久志說道：

「抱歉，大姊似乎在家裡發飆，沒人制得住她。二姊跟我討救兵，可以請你去看一下情況嗎？」

久志勉為其難地答應：

「好吧，我去看看。」

久志坐上車再度前往老婆老家。雅代目送他離開後，也聯絡了繪里子的請益對象，三澤剛。因為聽聞冬美揮舞著叉子，所以雅代判斷必須再多個男性幫手助陣。

剛接到連絡後連忙表示：

「我明白了，這就立刻過去！」

就這樣，這兩名男子紛紛驅車前往繪里子家。

先抵達的是三澤剛。他在途中傳LINE給繪里子，說明自己正要趕過去，繪里子則告訴他：「不能惹冬美發火，所以你先在外面等一下」，因此三澤便將車子停在宅邸前方的停車場，靜候指示。數十分鐘後，久志也終於抵達。

兩人在停車場等待的這段時間裡，不斷收到人在家裡的繪里子所傳來的訊息。

〈那傢伙（※冬美）還在暴怒叫囂中〉〈她正揮舞著剪刀〉〈她剛剛往2F去了。女兒（※夏花）很害怕〉〈被打了〉〈她吃了八顆安眠藥，已經站不穩了〉〈認真想K了〉……。

顯而易見地，家中正掀起一場風暴，然而，既已收到在外待命的指示，他們也無法輕率地登門查探。兩人回傳訊息、向人在千葉的雅代報告進展，在車裡待了三小時左右。

事態則在午夜零點過後直轉直下。繪里子十萬火急地傳來這則訊息：

〈被（※冬美）發現了！你們快回去！〉

冬美應該是從家裡看到有車子停在外面吧。兩人趁冬美殺出來之前便發動車子揚長而去，回到住家。這天的風波才終於暫時畫下句點。

星期天在天亮後於焉到來，這天也是晴空萬里，完全就是適合放假的天氣。

雅代提早起床梳妝打扮。先前已跟丈夫和孩子們約好，早上等她從髮廊回來後，全家要一起外出。雖然因昨晚的風波而睡眠不足，但一想到孩子們歡喜的模樣就不覺得辛苦。

雅代處理完家務後，便前往預約好的髮廊。約莫一小時後走出店家時，才發現手機收到好幾封簡訊。一看到寄件人是繪里子，心情頓時感到煩悶。一連串的簡訊內容如下：

〈大姊又開始吵鬧了〉〈她叫我把所有的餐具都丟掉〉〈她對昨晚久志趕來的事很生氣〉……。

還以為過了一晚一切已落幕，沒想到老家仍持續鬧得雞犬不寧。

儘管雅代很同情繪里子，但也不能因為這樣違背與孩子們的約定，因而直接與丈夫和孩子們會合。一家人前往百貨公司，購買孩子們想要的電玩遊戲，接著去餐廳吃午餐。

就在全家其樂融融地用餐時，雅代接到繪里子打來的電話。繪里子緊張萬分地說著：

「大姊因為昨天的事發火，又開始發飆了！」

「怎麼個發飆法？」

「她拿出以前說是為了自殺而買的水果刀，不停地揮舞！我一個人應付不過來！拜託，救救我！」

雅代立即跟身旁的丈夫久志商量此事，但得到的回答卻很冷漠。

「反正去了也是跟昨晚一樣，只會被迫留在停車場待命好幾個小時而已吧。妳可不能答應喔。」

雅代同意丈夫所言，但在這之後手機仍響個不停。看到繪里子不斷傳來簡訊，令雅代覺得於胸口一緊。自己把老家所有的事都丟給繪里子處理，不能自私地只顧著跟家人共度愉快的假日時光。

雅代對丈夫說道：

「對不起，我還是去姊姊那裡看一下情況吧，請原諒我。」

丈夫一臉不悅，孩子們也異口同聲地說著「媽媽別走！」雅代留下「我會馬上回來」這句話，依依不捨地與家人分開，搭上高速巴士抵達東京車站，再轉搭電車前往老家。

同一時間，三澤剛也正十萬火急地趕往繪里子身邊。他亦接到繪里子的求救電話而驅車前來。

抵達目的地後，剛將車停在停車場待命。這天也跟昨晚一樣，為了避免冬美發現，因而聽從繪里子的指示，於家門外等候。在這段時間內，三澤的手機不停收到訊息。

訊息內容全都是冬美依然在家中持刀大暴走的情況。繪里子陷入混亂，反覆寫著〈**只能K了**〉。不只如此，由於剛前妻的哥哥為醫師，繪里子還傳出〈**我願意出一千萬日圓，可以請對方偽造死亡診斷書嗎？**〉的訊息詢問。

三澤看到如雪花般飛來的訊息，心想繪里子恐怕是真心想殺害冬美而感到恐懼，不敢再回隻字片語。萬一問錯話，得知繪里子已起了殺意，自身也將難以脫身。

這時，他又收到繪里子所傳來的訊息。

繪里子　雅代似乎已到車站了。你開車去接她吧。

剛　好。妳那裡情況如何？

繪里子　我再等一下就會溜出家裡，跟你們會合。

剛駕車前往車站接走雅代，接著來到附近壽司店的停車場。繪里子等一下會來這裡跟他們碰頭。

在停車場等了一會兒後，繪里子才終於現身。她以出門買晚餐為由而溜了出來。整張臉明顯因為緊張而繃緊，眼睛布滿血絲。從昨晚便不斷受到冬美的折磨，似乎令繪里子的理智也跟著飛到九霄雲外。

繪里子見到兩人，彷彿情緒潰堤般，滔滔不絕地訴說被冬美施暴的經過。原本一直壓抑著的情緒爆炸，一發不可收拾。剛與雅代試圖讓她冷靜下來，反而讓她的情緒更激動。

「我再也無法忍耐了！殺了她（冬美）吧。只能這麼辦了！」

在人來人往的地方，聽到繪里子具體說出「殺害」這個字眼，無論是剛或雅代皆難掩困窘。繪里子似乎沒有心思多管這些，兀自接續說著：

「要偽裝成自殺！這樣就不會有問題。今天就動手！」

剛窺看著雅代的臉色，對繪里子說道：

「不能這麼做。要鬧到親自動手的話，倒不如叫警察。」

「找警察說這些事的話，下場會更慘，是要說幾次才懂啊！這樣我跟夏花都會死在那傢伙手上！在她殺人之前，我們必須先殺了她！」

接著換雅代出面勸阻，

「先等等。如果沒辦法找警察的話，那跟舅舅他們商量吧。」

「那還不是一樣！那傢伙要是知道我們跟別人說她的事，肯定會抓狂的。所以我才說除了殺人之外，沒有其他辦法！」

繪里子偏執地認為此事已刻不容緩，只有殺了冬美才能確保自身的安全。

她口沫橫飛地傾訴想法，直到看到時鐘後才回過神來。已經下午六點了。萬一拖得太晚，就會被冬美懷疑她外出與別人見面。繪里子丟下「我要回去了」這句話，便在眼前的這家店買了晚餐帶回家。

仍留在停車場的剛和雅代，情緒黯淡地呆立在原地。繪里子確實已被逼到即將失控暴走的階段。然而，在無法明確得知家中真實情況的狀態下，究竟是該聽從繪里子的判斷，抑或應該報警處理，令他們難以做出抉擇。若具有正常的判斷力，通常會找親戚或警察商量，但繪里子暴跳如雷的強勢態度，令兩人也跟著失去理智。

就在他倆舉棋不定的當下，再度收到已回到家的繪里子傳來的訊息。她表示冬美又在家裡大吼大叫，希望他們能來家門外支援。兩人坐上車急忙趕了過去。

將車子停在停車場後，便聽到從家裡傳來的怒吼聲。後來繪里子終於從玄關現身，往剛和雅代所在處走去。她繃著一張臉，神情宛如惡鬼般猙獰，雙唇顫抖不已地說道：

「那傢伙找到我藏起來的水果刀！然後持刀要捅我們。我剛還被她用刀架著脖子。」

接著一鼓作氣地說出：

「不能再這樣下去了。夏花整個人嚇到渾身發抖。只能殺了她！絕對要殺了！」

繪里子拿出皺巴巴的紙條，上面留有冬美所寫的「我要自殺」的字樣。這是冬美在不久前自殺未遂之際所寫下的遺書。繪里子將之保管起來以備不時之需。

繪里子表示：

「就算我們殺了那傢伙，只要把這交給警方，就可以堅稱她是自殺。所以我們動手殺了她吧。」

「這怎、怎麼可能有辦法做到。」

「就是有遺書才做得到啊。這可是那傢伙親手寫的耶！」

剛與雅代愈發不知所措。

繪里子短暫離開停車場後又立即回來。而且手裡還拿著工作手套與水管。

「用這來殺她如何？」

繪里子似乎打算用水管來勒斃冬美。剛回答：

「水管不行，因為裡面是中空狀態，根本勒不緊。」

繪里子惱羞成怒地回他：

「那你倒是說說該怎麼做啊！」

「問我該怎麼做……。」

「為什麼你只是耍嘴皮子說不行，不肯好好幫我想辦法呢！你們兩個根本不明白，我跟老太婆（已故母親）一路吃了多少苦！」

聽到這句話，兩人也只能噤聲不語。繪里子之所以會被逼到這種絕境，兩人也必須負起部分責任。

繪里子張牙舞爪地叫喊著：

「你們說話呀！不是說水管不行嗎，那要用什麼才可以啊！換你們來想！」

雅代對繪里子感到恐懼，情急之下隨口提議：

「要不然，領帶呢？」

繪里子像是想到什麼似地沉默片刻後，突然轉身走回家裡。

停車場頓時籠罩在沉重的氣氛下。剛發現自己在不知不覺間，竟然嚇到膝蓋發抖。繪里子真的打算殺了冬美嗎，不，應該不可能做到這種程度吧。兩相矛盾的思緒交錯在一起，令他無法做出判斷。

雅代腦中也是想著同樣的事。一方面覺得不可能，一方面又怕萬一繪里子真的拿領帶勒斃冬美該怎麼辦……。雅代以微弱的聲音說道：

「事情變得很不妙。該怎麼辦才好。」

剛回答：

「不知道啊。」

「夏花也在家裡耶。」

「所以才說我不知道啊。真的太嚇人，很恐怖……。我想從這裡逃走。」

他們實在不敢面對接下來即將發生的事。

說時遲那時快，兩人隨後聽到家中傳來女性高亢的尖叫聲。剛與雅代面面相覷。玄關門接著打開，時年十一歲的夏花獨自一人飛奔出來。兩人連忙迎向前，呼喊著「夏花！」並抱住她。

夏花喊著：

「母親她！母親她！」

接著就說不出話來。雅代提議回家裡查看，夏花卻說：「我不想去！」而蹲在原地。

剛催促道：

「那把夏花安置在這裡，就我們兩個去吧。」

兩人交代夏花乖乖坐在車子裡，便往家裡的方向跑去。踏進玄關的瞬間，映入眼簾的異常光景令他們無法言語。冬美渾身是血仰躺在地，繪里子則跨坐其上。仔細一看，一把水果刀深深插進冬美的喉嚨裡。

「發、發生了什麼事？」

「是這傢伙不好！」

「所以才問妳發生了什麼事啊？」

「吃飯的時候，這傢伙突然揚言要自殺！我們因為這樣打了起來……。」

據了解，繪里子回到家後，與夏花在客廳吃著方才買的便當。接著冬美出現，拿出水果刀，將刀尖抵在兩人脖子上，說著「這一頓是妳們最後的晚餐」、「快給我滾出去」。

——再這樣下去會被殺掉。

繪里子思及此便趁冬美不注意時，推著夏花的後背說道：

「夏花，快往外逃！」

夏花握住手機準備奪門而出，冬美發現後握著刀子嚷著「為什麼要帶著手機！」整個人飛撲過去。

繪里子追上前去，在玄關前抓住冬美，夏花已逃到外面，姊妹倆就這樣打了起來。冬美自暴自棄地喊著「我要自殺！」企圖用水果刀抵在自己的脖子上，繪里子見狀勸阻「妳別再鬧了！」握住水果刀刀柄往前壓，此時刀尖竟深深地刺入冬美的喉嚨裡。鮮血從倒臥在地的冬美喉部噴濺而出。據悉，剛與雅代趕到家裡時，正是意外剛發生之後。

剛與雅代到場時，從冬美頸部流出來的血已在玄關地板形成一大片血海，但她似乎還有一絲微弱的氣息。雅代見狀表示：

「人還、還活著。」

繪里子聽到這句話後回過神來，喊著「去把毛巾拿來！」雅代不明所以，但還是去其他房間取來毛巾遞給繪里子，繪里子接過後將毛巾抵在冬美頸部試圖止血。但只維持了幾秒鐘的時間，可能她便轉念認為，把人救活了也無濟於事，便將毛巾丟在一旁，拿起掉在地板上的皮革皮帶纏繞在冬美的脖子上叫道：

「妳不是想死嗎！這下妳滿意了吧！妳不是想解脫嗎！」

聽到這些話，雅代才終於察覺繪里子打算殺了冬美。

繪里子企圖用皮帶勒住冬美的脖子，但因為焦急而手忙腳亂。雅代在一旁看著，覺得不忍心讓繪里子獨自一人做這件事，於是伸手握住皮帶的另一端，用力拉緊。兩人分別從兩端使力，皮帶轉眼間緊緊纏繞住冬美的脖子。

雅代如此描述當時的心境：

「我也不知道自己是怎麼了。拉緊皮帶的當下，心中只有『妳終於可以解脫了』的想法。因為我明白她自己也一直過得很痛苦，所以才覺得讓她死就是幫她解脫。我大概持續勒了一、兩分鐘的時間。等我張開眼後，發現大姊已失禁而且全身癱軟無力，這才感到害怕而鬆開握著皮帶的手。」

雅代整個人失魂落魄地跌坐一旁，剛走上前來觸摸冬美的手腕。

「沒有脈搏了……。」

呼吸也已經停止。

剛扶起繪里子和雅代，將兩人帶往隔壁房間。三人必須討論接下來該如何收拾善後。

繪里子的視線飄移在半空中，喃喃自語著：

「我得保護夏花……不能讓她看到這副景象……。」

相信這應該是繪里子代替冬美養育夏花，所能給予最後的體貼了吧。

剛將冬美的遺體留在原地，決定先把所有人送上自己的車，接著前往雅代家。無人對夏花說明任何事，夏花也閉口不問家中所發生的事。車內陷入一片黑暗與死寂。

一行人抵達千葉的住家時，雅代的丈夫久志也來到門外。雅代對其表示：

「大姊自殺了……。」

「自殺？」

「我們要再回老家一趟，可以請你照顧一下夏花嗎？」

久志因為這個突如其來的狀況而困惑地詢問：

「接下來打算怎麼辦？」

「回到老家後，我們會報警。我想應該會很晚才回來。」

雅代就此打住，沒再多說，與繪里子和剛三人於午夜零點過後，再度前往老家。

到達老家進入玄關後，地板上仍留著一大灘血，以及已變得冰冷的冬美遺體。血的味道充斥整個空間、令人作嘔。這一切果然不是在作夢。雅代取來毛毯覆蓋在遺體上。

剛對著繪里子和雅代說道：

「妳們聽好了，這是一起自殺事件。」

為了守護夏花的人生，他們可不能被捕。要達到這個目的，只能用當初繪里子所說的方法，謊稱是自殺堅持到底。

全員同意這麼做後，剛拿起手機撥打一一〇報案，做出如下的說明：

「喂，警察局嗎？我在朋友家的玄關，有位四十五歲女性死了。好像是自殺。」

三人守在原地好幾分鐘，等待警察到來。至於這段時間他們之間有過什麼樣的對話則不得而知。不過，可以確定的是，他們肯定想著冬美以前所寫的「我要自殺」的這張字條，將成為掌握三人今後命運的關鍵。

然而，如同本篇開頭所述，後續經過警方的調查，三人造假的證詞三兩下便露出破綻。警方根據相驗結果，釐清冬美的死因為皮帶所造成的窒息死亡。三人承認殺害事實，動手執行的繪里子與雅代兩人則依殺人罪嫌而被起訴。

審判所做出的判決如下：

——繪里子＝有期徒刑五年（求刑六年）。

——雅代＝有期徒刑三年（求刑四年）。

在兩人遭到逮捕後，夏花則被姊妹們的舅舅領養。

夏花雖然未在開庭審判時現身，但透過律師寫了一封信給繪里子，內容寫道：

「繪里阿姨（繪里子），希望妳能早日回來。我想再跟妳一起生活。」

在法庭上聽到法官念出這段內容時，繪里子掩面痛哭失聲。

5 就連身為前護理師的老伴都撐不下去〈老老照顧殺人〉

二〇一五年一月，千葉縣發生了一起老老照顧殺人事件。

加害者為時年七十七歲，是身為退休護理師的妻子。被害者則是小她五歲的丈夫。根據命案發生後所進行的相驗結果，丈夫全身約有三十多處的刀傷，凶器為柳刃刀，據悉最底部的刀刃整個彎曲變形，甚至還有貫穿心臟與肺部的傷口。

在妻子遭到逮捕大約一年後，於千葉地方法院進行了公開審判，老夫婦的長子則以證人的身分站上證人席。這起事件發生在他們住家的一樓，長子一家人直到案發當天都住在這棟房子的二樓。

長子在證人席上，聲音顫抖地表示：

「我想，如果當初我能多關心母親的情況，就不會發生這樣的事。住在同一個屋簷下，我卻未察覺到母親的憂鬱症狀十分嚴重。我認為自身必須反省的地方實在太多。」

在少子高齡化的速度上堪稱領先全球的日本，老老照顧實際上已經成為社會的一大課題。老老照顧是指，居家療養的當事人與照顧者皆超過六十五歲的情況。日本厚生勞働省的調查（二〇一九年）指出，在居家照護方面，老老照顧的比例高達五十九・七%；受照顧者與照顧者皆超過七十五歲的「超老老照顧」情況，也有三十三・一%，比例非常高。其中夫妻皆罹患失智症的「雙失照顧」案例亦逐漸增加。

為了減少老老照顧的負擔，社區整體支援中心扮演主導角色，為有需要的民眾提供各種建議。例如入住老人福利機構、聘請照服員或利用日間照顧服務，以及尋求除了配偶以外的家屬（子女、親戚、孫子女）協助等等。為避免所有的負擔都集中在配偶一個人身上，政府與地方自治單位亦致力於提供多元化服務，並將此視為優先課題。

儘管如此，老老照顧的壓力不僅導致虐待、同歸於盡等情況發生，有時甚至還會引發殺人事件。這應該與福利政策的理想和照護現場之間存在著不小的差距有關吧。

本篇將透過曾專精醫療領域的退休女護理師所造成的事件，省思當事人所面臨的問題。

在千葉縣某高爾夫球場附近的住宅區一隅，坐落著內城夫婦（化名，以下同）的住家。這是一棟兩層樓高的建築物，設有小巧的庭院，停車位則停放著一台輕型車（泛指六百六十cc以下的汽車）。這裡距離車站約二公里遠，環境清幽，鮮少有人走動。

這棟房子是本篇事件加害者的內城日出美，於一九九二年五十四歲時與丈夫內城勉一同購入的。一樓為日出美與勉的生活空間，二樓則住著長子一家人。當初建造時是規劃為小家庭用住宅，自從長子搬來同住後，包含玄關等各處空間，皆變成兩個家庭共用。

附近居民對於這對夫妻的印象相當好。日出美更是被視為「精明能幹」的人物，並擔任市民志工，與鄰居之間的關係也很不錯。此外，她出於興趣而會彈奏日本箏，也因此備受周遭所敬慕。

多才多藝的日出美於戰前的一九三七年出生。在第二次世界大戰的太平洋戰爭期間，因學童疏散而到長野縣避難。在戰後貧窮的環境下自中學畢業，並住在醫院宿舍一邊工作一邊學習，繼而取得護理助理員（當時日文稱為准看護婦）的資格，踏上護理這條路。

日出美在二十三歲時辭去原本醫院的工作，轉往東京的醫院服務。沒多久後，便結婚生下長子成己，但因為生活作息等各方面的差異，約莫三年便以離婚收場。此後她成為單親母親，在醫院擔任護理師，獨自扶養成己。

內城勉則在同一家醫院當醫療事務員。儘管雙方的專業領域並不相同，但因日漸熟識而墜入愛河，日出美在三十二歲時決定與二十七歲的勉再婚。

他們是眾人眼中公認的登對夫妻。日出美個性開朗，無論是對工作或興趣都充滿熱忱；另一方面，勉屬於低調做好分內事、一絲不苟的類型，每當日出美莽撞行事時，他就會從旁提醒勸戒。

長子成己在公開審判時做出如下的陳述：

「就我這個做兒子的來看，我認為父母親是一對感情很好的夫妻。而且家庭生活也算圓滿幸福。他們在同一個職場上班，在工作上難免會有意見不合的時候，但他們不會僵持不下，總是當場把話說開就沒事了。因為職場相同，所以總給我一種形影不離的印象。」

認識這對夫妻的醫療從業人員，也同意長子所言。

「日出美小姐就跟大多數的護理師一樣，很有親和力，屬於任何事都能自主決定的類型；至於勉先生的話，個性應該算是比較謹慎保守。日出美小姐年紀比先生大，再加上帶著與前夫所生的孩子，所以很重視丈夫。給人的感覺就是責任心很強的年長妻子。」

兩人在任職的醫院也獲得極高的評價。日出美身為護理師的工作表現受到肯定，升任為護理長，勉也晉升為事務室主任。接著兩人便在千葉縣買下一個屬於自己的家園。

日出美於六十二歲時辭去醫院的工作。待勉屆齡退休後，兩人於二〇〇四年遷往東京都定居。原本的打算是將千葉縣的房子借給長子一家，夫妻倆則在東京度過老後生活。

過了五年後的二〇〇九年，兩人的生活面臨了巨大的考驗。勉因腦出血病倒，雖然撿回一命，但左半身麻痺，連自行站立與走路都有困難。

院方如此告知他們：

「內城先生的狀態屬於長照需要等級第三級。今後必須有人照顧他的生活起居，並定期做復健。若不採取任何措施的話，健康情況會不斷惡化。」

日本的長照需要等級第三級是指，「相較於第二級的狀態（在某些方面需要照護），從日常生活能力以及工具性日常生活能力（更高度的生活能力）這兩項觀點來評估，皆顯著低落，必須獲得全面性照護的狀態。」

出院回到東京的住家後，勉的身體狀況比日出美所想的還要嚴重，大部分的事都無法自行處理。移動必須靠人幫忙推輪椅，沐浴也需要旁人代勞。

日出美為了讓勉的情況有所好轉，無微不至地予以照顧。不但勤於接送丈夫上醫院做復健，還從頭學習各種知識，為丈夫按摩麻痺的手腳以及改善飲食生活。

日出美回憶道：

「在他剛病倒的那段時期最為辛苦。他因為左半身麻痺的緣故，沒辦法自行如廁或倒水來喝。只要丈夫叫我，不管我正在做什麼都必須立刻停下來去幫他。而且還得陪著他做復健。我自己也查了很多資料，試遍各種有助於治療的方法。二十四小時隨侍在側。」

日出美不但沒空發展自身的興趣和參與地區活動，也必須放棄跟朋友聚餐聊天等所有透氣散心的時間。

面對這樣的情況，日出美從不曾對周遭說出「痛苦」或「討厭」之類的怨言，反而展現出責無旁貸的態度去照顧丈夫。這或許也跟她之前身為護理師的立場和尊嚴有關。

就這樣，日出美獨力照顧了丈夫三年的歲月。因後遺症十分嚴重，復健並不如預期般有所起色。研判還得花上好幾年才有辦法回復。但隨著時間拉長，體力與經濟能力只會愈發吃緊。日出美與勉討論後，決定搬回千葉縣的住家，持續進行復健。

二〇一二年，日出美與行動不方便的勉一同搬回千葉縣的住宅。兩家人說好，以後長子成己住二樓，日出美夫婦則在一樓生活。

雖然開始與兒子同住，但日出美對成己表示「就算我們住在一起，丈夫還是由我來照顧」。站在她的立場來看，應該是認為要求兒子照顧沒有血緣關係的勉，會很過意不去，但內心深處似乎是希望兒子出手幫忙的。

然而，成己絲毫不察母親的真實心意，完全照其所言，以「母親說不需要我幫忙」、「我有工作要忙」為由，從不參與任何與照護相關的事。即便逐漸得知日出美因為照顧丈夫吃了很多苦，仍舊保持置身事外的態度。

日出美所能諮詢請教的對象不多，其中一位則是照管專員友田秋子。照管專員全名為照顧管理專員，主要接觸對象是有長照需求的家庭，負責為他們制定照護服務計畫，幫忙申請各種福利制度與轉介照護服務機構。日出美搬回千葉縣後，每個月固定與秋子面談討論，不遺餘力地照顧丈夫。

秋子在公審時以證人的身分出庭，如此描述日出美的付出：

「剛搬回千葉的那陣子，勉先生的身體狀況還很差。在家要上廁所時，也必須要由太太推著輪椅帶他去。日出美小姐能夠獨力將丈夫從床鋪移到輪椅上來，但要幫忙沐浴卻沒那麼容易，因此在我的介紹下，她每週會利用二、三次日間照顧服務。

他們主要為了進行復健而會定期上醫院。日出美小姐以前畢竟是護理師，所以自行查了很多資訊，只要覺得有益的方法都會加以嘗試。比方說，她向心理治療師請教在家可以進行的復健方式，並加以實踐。從旁觀者的角度來看，她真的很有行動力，不會事事依賴我這個照管專員，而是自己率先動起來。相信她應該一心想靠著自己的雙手，讓丈夫好起來吧。勉先生也很相信太太，懷抱著希望持續進行復健。」

在日出美全心全力的照顧下，勉在腦出血病發四年後，身體狀況日漸有起色。在家裡能拄著拐杖自力行走，後來甚至有辦法稍微外出到附近買些東西。

某天，日出美收到勉的長照需求等級下降一級，成為第二級的通知。院方對他們說：

「恭喜你們。只要持續復健，應該能走更長的距離。請繼續加油。」

原本的長照需求等級第三級，必須時時有人照護，第二級則是只要在某些方面提供照護即可。雖說只降了一級，但無疑是大幅的進步。

日出美感到長年以來的辛苦都有了回報。只要再多努力一下，或許丈夫就能回到原本健康的狀態。

根據周遭的人們所言，這個時期的日出美表情開朗，言談之間充滿希望。勉也因為付出的努力化為具體成果而產生自信，積極地與日出美從事復健。照管專員秋子看見兩人齊心奮鬥的模樣，深信他們能迎向幸福的未來。

然而，二〇一三年六月，這對夫妻又再度面臨了重大考驗。勉在復健過程中重重摔倒，導致左大腿骨骨折，接著被迫過著臥床的生活。四年來透過復健鍛鍊出來的肌肉，因鎮日躺在床上而隨著時光飛快消失，一雙腳則瘦到目不忍睹。

因為這起意外，好不容易進步到第二級的長照需求等級，升了二級而變成第四級。這已達無人照護便無法自理生活的程度，勉連自行推輪椅移動都有困難。

日出美因為一切的努力成為泡影而覺得眼前一片黑，但並未產生想放棄的念頭。

——沒關係的。重新振作起來，從頭開始進行復健就好。

在這個關鍵時刻若不堅持下去，勉的身體狀況只會如同踏入鬼門關般一路衰退而已。

然而，正所謂禍不單行，在夫妻倆齊心協力重新進行復健沒多久的二〇一四年三月，勉再度因為腦出血而病倒。

第二次腦出血對勉身體所造成的破壞遠大於前一次。不但身體麻痺，還引發了執行功能異常（Executive dysfunction）。執行功能異常是指，因腦部受到損傷而導致記憶障礙、注意力缺失症、執行功能障礙、社會行為障礙等情況。

勉也因此情緒變得極度不穩定，會因為一些微不足道的小事而感情用事發脾氣、大吼大叫。他會把一整天的作息分得很細，對日出美要求「幾點要吃飯」、「幾點要刷牙」，若時間上有一丁點誤差就會大發雷霆。光是因為有灰塵或餐具不乾淨，就會令他發飆到旁人難以招架的程度。

日後為日出美進行精神鑑定的醫師在公審時也表示：

「勉先生在腦出血後，似乎對事物產生很強烈的堅持。聽聞他原本個性善良又樂觀，但因為腦出血所造成的執行功能異常，可能導致他的自我主張變得十分強烈。

我查閱了勉先生住院時的病歷資料，他真的會因為一些小事，不分日夜頻繁地按呼叫鈴，對護理師發洩憤懣的情緒。出院回家後，他的這些行為全都朝著日出美小姐一人發作，考量到這點，應該對日出美小姐造成相當大的負擔與壓力。

儘管如此，日出美小姐仍舊獨自一人承受著這一切。由於她以前是護理師，或許認為自己比一般人更熟悉醫療，打算靠著自己的力量奮戰到最後。反過來說，這樣的想法令她陷入難以向周遭商量請益的狀態，形同把自己孤立起來。」

在家最令日出美感到困擾的是，勉因腦出血所造成的排尿障礙。不分日夜每隔十五分鐘就會產生強烈的尿意，但他又無法自行活動，必須由日出美將他抱到輪椅上推去廁所。

此時，若日出美動作稍有不俐落之處，勉就會不耐煩地怒吼「動作快！」、「別拖拖拉拉的！」進到廁所後卻遲遲解不出來，因此日出美就得被迫在門外等待十幾分鐘，結果仍是沒有排尿而返回寢室。但才回去沒多久，日出美又會被「上廁所！」的聲音給叫醒。有時甚至反覆折騰一整晚。

照理說，住在二樓的成己應該會注意到這些情況，但他依舊不曾伸出援手。尤有甚者，還會疾言厲色地對待因疲於照顧丈夫，而無暇顧及日常小事的日出美。

比方說，日出美在半夜帶著勉頻繁往返廁所與寢室時，忘了關掉走廊的電燈。成己便會出言責備：

「電燈開著不關就是浪費啊！要確實關掉才去睡啦！」

家中電費為兩個家庭對半分攤，因此成己才會指責母親浪費電。

成己應該如同先前所述般，認為照顧繼父並非自己的責任所在吧。然而，勉在成己九歲時便扮演起父親的角色，一路陪伴他長大。站在日出美的立場來看，兒子的冷漠態度應該多少令她感到難以容忍吧。

某天，日出美對成己表示：

「今後要照顧你父親應該會更辛苦。若有家人同住的話，是沒辦法百分百地利用政府推出的福利政策補助。所以，往後我們能不能分開住呢。我想把這個家賣了，來湊齊送你父親入住長照機構的費用。」

既然長子一家人不肯幫忙照顧，那同住也沒有意義。所以日出美才認為乾脆把房子賣掉，好用這筆錢來讓丈夫入住長照機構。

成己回答：

「好啦。反正我們感情也不好，我會搬出去。」

日出美心想，如此便能確保今後的照護生活開銷。再來只要等兒子一家搬出去就好。

然而，成己雖答應要搬出去，卻以母親並未開出期限為藉口，持續住在家裡。他內心的真實想法，應該是不想另覓住處而多花錢吧。日出美照護丈夫的生活就這樣無預期地不斷延長下去。

也就是在這個時期，日出美查覺到自己的身心狀況有異。

她如同往常般盡心照顧丈夫的生活起居，但逐漸陷入無法控制情緒的狀態，嚴重到連自己都覺得古怪的程度。有時走著走著會突然淚流不止，或是一、兩分鐘前的記憶完全消失。甚至還出現身體麻痺動彈不得的情況。二十四小時、三百六十五天照顧丈夫的壓力，終究壓垮了她的心靈與身體。

她回憶道：

「不知不覺間，我的心理健康問題已嚴重到連自己都感到不妙的程度。在照顧丈夫的過程中只要有一丁點狀況，我就會嚴重心悸，變得無法呼吸。有時會全身狂冒汗，手抖個不停。我逐漸感到有異，接著就連與人見面交談都有困難。然後無法站在人前，不會笑也不會哭。更不會悲傷。我的所有情感都死了。後來我覺得不能再這樣下去，前往精神科就醫，醫師診斷我是陷入『憂鬱狀態』。」

日出美根據從前在醫院工作的經驗，理應知曉在罹患憂鬱症的情況下，很難二十四小時全天候照顧他人。然而，此刻的她不但無法做出冷靜的判斷，而且又因為向來習慣獨力克服各種難關，以至於無法向他人求助，只能服用醫院所開立的藥物後，繼續照顧丈夫。

這樣的生活令日出美的心理健康更加惡化。根據主治醫師的紀錄，在二〇一四年秋末入冬之際，除了她本人所自覺的病狀外，還出現了「自殺意念」、「氣力減退」、「無價值感」、「思考與注意力減退」跟「猶疑不定」等症狀。

其中，最折磨日出美的是自殺意念所引起的尋短念頭。她因為照顧丈夫而身心俱疲，腦中曾幾度出現這樣的想法。

——好想乾脆死了算了。這樣一切都能獲得解脫。

有時回過神來會發現自己一天會出現好幾次想自殺的念頭。每遇此情況時，她總是勉強打起精神，告訴自己「不要亂想。得好好努力才行」，但過沒多久，又會同樣被想尋死的情緒套牢。隨著日子一天一天過，思考赴死這件事所占的時間也愈來愈多。

每當考慮自殺時，她就會擔心丈夫將來該怎麼過。目前因為有她照顧，丈夫的生活還勉強維持得下去，若她走了，勉別說是自行如廁了，就連吃飯都有困難。兒子成已應該也不會出面幫任何忙吧。既然如此的話，丈夫也跟著自己一起死是不是比較好。

二〇一四年，進入十二月不久後，日出美對勉表示：

「我在醫院被診斷得了憂鬱症。有時會出現先把你殺了，自己再跟著尋死的想法。我自己也不知道究竟該怎麼辦。」

勉十分震驚，要日出美去醫院找醫師諮詢被自殺念頭所困的事。

日出美前往醫院，一五一十地交代自身的情況，醫師所做出的提議則是，利用喘息服務（詳見54頁），讓勉暫時住院，以減輕她的負擔。勉也希望能藉此讓妻子調節情緒、轉換心情，因而表示同意。

照管專員秋子在法庭上提到，日出美向她告知決定讓丈夫接受喘息服務時的情形。

「我在十二月下旬接到日出美小姐的聯絡，她表示自己因為生病難以照顧丈夫，因此利用喘息服務，安排勉先生住院。她的聲音很沮喪，與以往判若兩人，感覺光是要通知我憂鬱症這件事就已經耗掉所有的力氣。我在那時才首度得知日出美小姐的病情。」

十二月二十六日，勉展開住院生活。秋子隨即前往醫院探病。勉躺在床上，對於自己將妻子逼到生病的事感到懊悔不已。他流著眼淚對秋子說：

「現在不用管照顧我的事。可不可以請您幫忙規劃減輕我太太負擔的照護方式呢？麻煩您了。」

對他來說，日出美的病若治不好，那他也無法生活。

秋子回答：

「我明白了。等您出院後，再一起討論具體該怎麼做。」

秋子腦中的想法是，短期入住養護機構或利用訪問型照護服務。若當真要減輕日出美的身心負擔，只能利用這些方式來緩解她照顧丈夫的壓力。不過，由於太多人申請短期入住養護機構，因此無法即刻實行，只能先向機構報名，等出院後再敲定細節。

過完年後的一月八日，勉入住的醫院請日出美來院見面詳談。醫師告訴她，計畫在十三日安排勉出院，希望她能配合帶丈夫回家。喘息服務的住院期間通常為二、三週，超過這個期間，就必須讓出床位給其他患者使用。

日出美聯絡了秋子並說：

「我先生必須辦理出院了，這也不是我能作主的事……。為了減輕排尿障礙所造成的照護負擔，我請院方教我成人紙尿褲的用法。希望這樣可以讓我先生多睡一點時間。」

她的語氣聽起來極為孱弱。秋子擔心地表示：

「不然我來幫忙處理出院的事情吧。」

「我很開心聽到您願意幫忙。」

秋子計畫前往醫院陪同辦理出院，接著與他們討論規劃中的短期入住機構等安排。

然而，在出院前一天，秋子收到日出美的聯絡。她在電話那頭說：

「明天辦理出院，我還是自己一個人去就好。」

似乎有什麼隱情。

「我明白了。那我不必去囉？」

「是的。」

「那麼等你們出院回家後，我們再來討論今後的安排。我想說明我的規劃。」

秋子樂觀地認為，日出美會同意自己所提出的短期入住機構或聘請照服員的建議。

然而，日出美的憂鬱症症狀，比秋子預期的還要嚴重許多。日出美在收到院方告知必須出院的隔天，也就是一月九日，在超市悄悄購入準備用來自盡的柳刃刀。當然，秋子與醫師全然不知情。

一月十三日，日出美就在預先做好上述準備的情況下，辦理出院事宜。從醫院回到家的勉，再度於一樓寢室過著臥床不起的療養生活。

住在二樓的成己，絲毫未察覺到母親病情的惡化，以及那把用來自殺的柳刃刀。雖曾聽過日出美說「我得了憂鬱症」、「打算一起同歸於盡」，但成己覺得事態並不嚴重，因而沒當一回事。

重返全天候照顧丈夫生活的日出美，只盼望紙尿褲能發揮作用，以減輕她的負擔。晚上若能好好睡個覺，說不定還能勉強撐下去，令她內心產生一絲期待。然而，勉不習慣直接尿在紙尿褲上，還是會在大半夜嚷著想上廁所而把日出美叫起來。他的腦袋明白這麼做只會把妻子逼得更慘，但因為執行功能異常導致他無法控制情緒，忍不住怒罵連連。

一切又打回原形，令日出美的心情無比慘澹。即便內心片刻不得安寧，依舊得拖著憂鬱症的病體，強忍不適來照顧丈夫，但每天還是被罵到狗血淋頭。想一死百了的情緒，隨著聽到怒罵聲的次數，不斷膨脹發酵。

能阻止這個情況繼續惡化下去的方法，應該是秋子所提議的短期入住養護機構或聘請照服員吧。然而，無論哪一項最終皆未能實現。

針對此事，秋子如此說明：

「勉先生出院後，我在電話中跟日出美小姐談了許多事。我提議安排短期入住養護機構，但她對於利用新服務的態度很消極。現在回想起來，應該是因為憂鬱症導致她沒有動力嘗試新的事物，但我當時真的沒注意到這些。

我只想到，如果日出美小姐不打算利用短期入住的話，那只能安排勉先生進入老人長期照顧中心。但是這些機構都一床難求，就算提出申請也要等上一段時間才能入住，而且還必須備妥入住所需的費用。身為家屬的她若不肯積極行動，我能做的也實在有限。」

日出美因為憂鬱症而自我封閉，甚至連自己應該做什麼都無法思考。將秋子的提議拒於門外，無異於自斷後路。

在勉出院四天後的一月十七日深夜，日出美蓋著毛毯躺在被窩裡，視線卻不斷在漆黑的天花板上游移。自從丈夫返家後，日出美整天都被使喚來使喚去，根本無法好好睡上一覺。憂鬱症的痛苦、重度失眠、藥物的副作用交相折磨著她，令她逐漸分不清現在是白天還是黑夜，究竟是清醒還是昏睡。

日出美心中那股「好想死」的情緒已經膨脹到快要爆炸的程度。她不認為自己還有辦法再多做些什麼。與其這樣痛苦地被折騰得死去活來，倒不如用自己的雙手畫下句點。

——死了就解脫了。可是我不能丟下孩子的父親一個人，必須帶他走。

在她朦朧的意識中，這個念頭閃現了幾十次、幾百次。

時鐘的指針指向早上五點。窗外仍籠罩在寒冷的黑暗中。此時，勉的聲音轟然響起。

「喂，起床了！」

日出美聽到丈夫所說的話，感到全身因為恐懼而僵硬。每當聽到丈夫的聲音，彷彿被鐵鎚毆打般的疼痛就會傳遍周身。

她慌慌張張地從被窩裡起身，回應著：

「上、上廁所嗎？」

「幫我換衣服！」

「天還沒亮，幹嘛要換衣服呢？」

「幫我換就是了！」

丈夫的怒吼聲在腦袋裡轟轟作響。聽著聽著覺得自己的腦袋似乎也快變得不正常。勉一定不曉得現在是幾點吧。幫他換好衣服後，接下來勢必又會大聲嚷嚷著「快準備飯菜！」或「帶我去廁所！」宛如人間煉獄的一天又將揭開序幕。

日出美心想，我真的不行了。沒有自信能再忍受下去。然而，在這樣的狀態下，她依然對丈夫感到掛心。要死的話，必須一併把他帶走。

日出美的記憶在這之後變得斷斷續續。肯定是因為紛亂思緒占滿腦海的緣故吧。一回神，她已取出八天前購入並藏起來的柳刃刀。當勉叫喊著「幫我換衣服！」而站起身來。日出美記不清究竟是自己扶著他起來，抑或勉自力站起來的。

日出美握住柳刃刀刀柄，往丈夫的背部刺了下去。

「啊！」

房間內響起了巨大的喊叫聲。勉仰天倒落在地板上，日出美慌忙地跨坐在丈夫身上，使出全力不斷地揮刀刺向丈夫。

根據後來的相驗結果，遺體的胸部與腹部有多處遭利刃刺穿的傷口，數量遠勝於背部。背部有一處傷口，腹部與胸部則為二十九處。其中有些傷口甚至貫穿了心臟和肺臟。除此之外，手臂也有兩處裂傷，研判應是勉抬起手臂試圖阻擋日出美所造成的。考量到日出美的年紀與體力，推估其持刀反覆刺殺丈夫的過程約莫持續一分多鐘的時間。

此時，在二樓就寢的成己，因為聽到勉的叫聲而醒來。勉自從腦出血病倒後，偶爾會在深夜發出喊叫聲，成己覺得應該又是這種情況。然而，他卻有股不祥的預感，即使閉上眼睛也無法成眠。

不如下樓抽根菸吧。成己如此決定後，便拿著菸盒走下樓梯。沒想到，日出美卻突然從寢室飛奔而出。成己看見母親的模樣，整個人僵在原地。她的睡衣滿滿都是血。

「怎麼了啊！」

「我、我捅了你父親……。」

「拿刀捅他?!」

日出美全身不停地顫抖，沒再多說一句話。

成己戰戰兢兢地往寢室內一探，看見勉倒臥在血泊中。全長三十四公分的柳刃刀沾染著鮮血被丟在一旁。從出血量來判斷可以想見勉已氣絕身亡。

「為什麼會做出這種事情。」

日出美臉色慘白，直直盯著某處不停地喃喃自語，但內容支離破碎，不具意義。成已放棄追問日出美來龍去脈，上二樓叫醒妻子並說明目前的狀況。妻子按照他的指示打了一一〇報案。

千葉縣警的通訊指揮室，留有成已妻子報警時的通話錄音內容。

「我婆婆刺死公公。那把刀就在我公公旁邊。婆婆人在家。」

日出美被趕到現場的員警依現行犯逮捕。勉則被送往大學附設醫院，但在上午七點十六分確認死亡。

這起命案被媒體報導為老老照顧殺人事件，內容指出退休女護理師與長子一家人同住，卻依然造成這樣的憾事。

隨著辦案進展，警方對於日出美因為孤立而逐漸被逼到走投無路的過程，有了深入的了解。雖不知日出美的護理師經歷在對外求援的這方面上，對她造成多大的阻礙，然而，她犧牲奉獻，盼望結縭數十載的丈夫能恢復健康，並盡心盡力予以扶持乃是不爭的事實。

假若丈夫的情況有所改善的話，相信她也能從中得到安慰。但是，第二次的腦出血卻導致丈夫的症狀更加惡化。日出美的處境如同從坡道滾落般，身心飽受折磨而破碎不已。

照管專員秋子在作證時，最後提到：

「我知道這麼說有點奇怪，但這起事件之所以會發生，正是因為日出美小姐的不離不棄所導致的。當家屬無法負荷時，可以透過各種管道請行政機關等單位伸出援手。可是無論是對我或是對醫院，日出美小姐從未說過自己的壓力已達臨界點。所以我才認為，如果她放棄照顧丈夫的話，說不定反而是好事。她的責任感或許才是造成這起事件的元凶。」

對丈夫義無反顧的愛、身為照顧者的責任感、不願對兒子與孫子女造成負擔的體貼。倘若真是這些良善的心意致使這起事件發生的話，也未免太令人唏噓。

然而，這起命案在老老照顧所引發的悲劇當中，只不過是冰山一角。有些雖未演變成殺人事件，但照顧者卻身心皆出了狀況跟著倒下，或是選擇自盡者也不在少數。接觸過無數照護個案的秋子，之所以會脫口說出「放棄照顧反而是好事」，相信應該與此有關。

法官於判決之際，做出以下的陳述：

「這是一起當事人因高齡、沒日沒夜照顧丈夫導致身心俱疲，陷入憂鬱狀態而苦思乾脆同歸於盡的衝動型犯罪。有些部分值得同情。（中略）被告所付出的努力的確不可抹滅，但應該與丈夫一同找出解決對策，請周遭伸出援手。在往後的人生裡，請好好反省自身所犯下的重罪。」

她的判決結果如下。

——有期徒刑三年，緩刑五年（求刑八年）。

6　容不下獨占丈夫寵愛的兒子〈虐待殺人〉

「我的孩子獨占了丈夫的寵愛，令我覺得要是沒有孩子在就好了，所以就把他從窗戶推了出去。」

二〇一四年年底，在某個刺骨的寒夜裡，一名母親從東京都內某座華廈的十三樓住處，將五歲兒子丟出窗外。

這名孩童全身受到嚴重撞擊，不但骨頭碎裂，內臟破裂。而且直到案發數十分鐘後，才被回到家的父親發現這名渾身是血處於瀕死狀態的孩子。父親立刻報警處理，警方當場將母親逮捕歸案。

日後，在警察局接受偵訊的過程中，母親說出了開頭的那段話。她不諱言地表示，自己深愛丈夫，無法容忍五歲兒子獨得寵愛，才因此殺了他。

她還接著提到：

「等孩子再大一點，變得更重以後，我就抱不動他了。所以趁現在的話，我自己一個人還有辦法（殺害）。」

這名母親如此憎恨兒子到令人匪夷所思的程度，背後究竟有何原因呢？

面向大馬路鄰近隅田川的這棟華廈，相較於周邊的建築物更形顯眼高聳。住在最高樓的則是事件當時五十七歲的小佐野晴彥（化名，以下同）、三十四歲妻子小佐野戀，以及本篇的被害者，兒子瑞貴，這一家三口。

根據房地產網站的資訊，這座大樓於二〇一〇年落成，月租行情為二十萬日圓左右。這裡比起鄰近的華廈，屬於較為高檔的住宅，一家人之所以能住在這裡，應該與晴彥是公司老闆有很大的關係。

這家公司在一九五〇年代以零件製造事業起家。父親為創辦人，兒子晴彥則是接班人。晴彥自大學畢業後便在自家公司上班。二十六歲時結過一次婚，約莫四年後誕下一女。他在四十歲時曾轉職到其他公司，當時卻因家庭失和而離婚。前妻擁有女兒的監護權，晴彥則必須支付扶養費。據悉，讓愛女在單親家庭中成長，令晴彥感到十分歉疚。

離婚後沒多久，晴彥便重回父親經營的公司上班，並隨著父親退任，正式接管公司。身為公司的掌舵人，必須持續獲利以保障員工的生活，壓力之大應該遠超乎外界想像。

二〇〇七年二月，身為前董座的父親離世，晴彥無論是在名義上或實務上，都必須以董事長之姿來帶領公司。而他也在這一年結識了戀，當時他五十歲，戀二十七歲。兩人則是透過某手機網站認識的。

在晴彥眼裡看來，小他二十三歲的戀應該既年輕又可愛吧。剛交往不久後，他就讓戀住進自己當時所居住的華廈。生活捉襟見肘的戀毫不猶豫地便直接搬了過來。

在這個時期，戀已顯現出一些異於常人的言行舉止。其中一項為偷竊癖。去超市等商店購物時，她會隨手把架上的商品塞進包包裡帶走。晴彥有給她足夠的生活費，而且她會偷一些自己根本用不到的東西。似乎不是因為缺錢使然，而是衝動性地做出這種行為。

此外，她還會習慣性說謊。即便是日常生活中無關緊要的閒談，她的說詞也會跟幾分鐘前所說的內容完全不同，或是口沫橫飛地說著與常理完全不符的事。

跟晴彥談到與兩人相關的重要話題時也是如此。比方說，戀在二十七歲前有過兩段婚姻，與第二任丈夫之間有個孩子，但每次晴彥問起時，她所說的離婚原因都不一樣，明明沒有收入，卻信口開河「前夫是一個吃軟飯的人，所以都是我賺錢給他（扶養費）」。

晴彥雖看穿戀的這些習性，但因為愛情使人盲目，所以他並不認為這些是多嚴重的問題。反而，或許令他覺得這個女孩子有點不一樣。

開始同居不久後，戀便告訴晴彥，自己好像懷孕了。然而，卻完全不見她有任何的喜悅之情。晴彥詢問原因，她回答：

「我，不喜歡小孩耶。我討厭帶孩子。」

「可是都懷孕了，只能生下來吧。」

雖已年逾五十，但因為離婚而與女兒分開的晴彥，其實想要孩子。

「我會幫忙帶孩子的。這是個難得的孩子，就好好把他養大吧。」

晴彥說服了舉棋不定的戀，把孩子生下來。二〇〇九年五月，瑞貴就這樣來到了。

兩人在戀生產後一個月辦理結婚登記，展開了一家三口的新婚生活。一年後，晴彥將新居搬到位於公司附近的十三樓高全新華廈的最高樓，為家人打造幸福家園。晴彥身為經營者，工作繁忙、分身乏術，期盼戀能當全職主婦來照看家務與孩子，但這項期待很快便落空。戀拒絕做任何事。

在審判時，晴彥連名帶姓稱呼離婚後恢復舊姓（「木村」亦為化名）的前妻，如此陳述：

「木村戀從生產前就曾說過自己很討厭小孩。即便如此，我還是認為，等孩子生下來後，她應該就會心生憐愛，無奈事與願違。她頂多就是拿奶瓶餵餵孩子，從來不會想帶孩子出去外面走走，或幫孩子洗澡、哄孩子睡覺。面對家裡的事情也是這樣，完全不煮飯，每天都吃外食。包含育兒在內的所有家務，似乎都令她感到厭惡。」

在晴彥眼裡看來，戀形同放棄打理所有的家務事。然而，對戀而言，光是待在瑞貴身邊就很有壓力，令她感到煩躁，因而頻繁地做出順手牽羊的行為。她會抱著年幼的瑞貴，將手邊的商品摸走。

某天，她在超市順手牽羊，準備把商品偷偷帶出去時，被店家發現當場被逮。人在公司的晴彥接到聯絡，連忙趕赴超市謝罪。他責問戀行竊的理由，卻得到這樣的回答：

「因為我討厭帶孩子。」

而且戀還接著表示：

「我，討厭小孩。我只覺得他們的哭聲很吵，又很髒。我不想跟瑞貴在一起。我討厭照顧他，你就把他送去托兒所吧！」

晴彥考慮到再這樣下去會對瑞貴造成負面影響，在孩子滿兩歲時便將他送往附近的托兒所，並決定由自己來負責帶孩子。早上送托兒所，傍晚去接回來，這樣至少在這段時間能避免孩子與戀獨處。晴彥心想，如此一來，戀的壓力應該會減輕，不至於再做出順手牽羊的行為。

在晴彥決定由自己來帶孩子後，他的辛勞程度真的忍不住令人掬一把同情的眼淚。他肩負著董事長的重任，到了傍晚就必須結束工作，前往托兒所接瑞貴。晚餐則在返家途中順道去餐廳吃，或是採買食材回家煮。填飽肚子後，接著打掃家裡、幫瑞貴洗澡，直到孩子入睡前，陪同躺在被窩裡玩遊戲或唸繪本。哄孩子睡覺也是由晴彥包辦。

遇星期六、日或國定假日，晴彥也會撥空帶瑞貴去遊樂園或出門兜風逛逛。他總是想讓兒子體驗各種新事物。至於戀，頂多就是有意願時跟著一起去，即便人就在瑞貴身旁，也幾乎不會跟兒子搭話互動。晴彥的女性友人如此描述當時所見的情景：

「戀似乎不太關心孩子。我從未見過她跟瑞貴互動玩耍，也沒聽過她好好跟孩子說話。她開口時，只會丟一句『那個，不行』來表示斥責。她不會看著孩子的眼睛，以孩子能聽懂的方式來教導。瑞貴也明白戀小姐的作風，所以從來不會對媽媽撒嬌之類的，瑞貴似乎覺得只有晴彥先生會跟他互動。」

公司的下屬們因為親眼見到晴彥在育兒上所付出的心力，皆自願幫忙。在晴彥忙不過來時，員工們會流輪陪著瑞貴，予以照應。因為是家族經營的小公司才有辦法做到這樣。

在晴彥與員工們的關愛下，瑞貴順利地成長。他在三歲大時結交到同年齡的好朋友，跟幾名員工的感情也特別要好。瑞貴所處的社會正穩穩地逐步擴大。

另一方面，戀討厭小孩的態度依舊不變，堅決與瑞貴保持距離。在家時會避免跟兒子打照面，除非逼不得已，否則盡量不跟兒子搭話。用完晚餐後，當晴彥與瑞貴在客廳嬉鬧時，她就會一臉不悅地走開，把自己關在其他房間，直到瑞貴熟睡之後才出來。她會悄悄地探出頭來確認「那孩子，已經睡了？」才步出房門。

晴彥其實有一肚子的話想說，但無論如何跟戀溝通，結果都是兩條平行線，令他不得不放棄。與其勉強她跟孩子互動，導致她的偷竊癖惡化，不如就當作瑞貴沒有母親就好。

二〇一一年十月，發生了一件對戀影響甚鉅的事。她收到警方的聯絡，對方這樣說：

「一名疑似是您母親的女性過世。需要家屬確認死者身分，可以請您跑一趟嗎？」

戀與母親已斷絕關係許久，根本不知道母親在哪裡過著什麼樣的生活。她前往警局，在刑警的陪同下進入停屍間，母親的遺體赫然出現眼前。

刑警表示：

「死因似乎是自殺。」

頸部留有明顯的繩狀痕跡。

戀曾對晴彥說過自己與母親的關係疏遠，此時也未展現出悲傷的樣子。然而，她的言行舉止卻因為這件事而變得愈發古怪。

最先出現的變化是，她茶飯不思到幾乎可說是完全不進食的程度。由於嚴重營養不良，才短短一個月體重便掉了二十三公斤之多，整個人瘦到皮包骨，月經也不來，一整天都恍恍惚惚。

這個情況都還沒好轉，接下來又出現解離性障礙的症狀。在家做事，或走在路上時，她會突然像冰凍般，全身僵住動彈不得。任憑其他人如何叫她、搖晃她，仍舊死死地盯著某一點靜止不動。大概數秒至數十秒後才會突然恢復意識，若無其事般地動起來。

最令人捏把冷汗的是，就連走斑馬線過馬路，以及搭乘手扶梯時也會出現這樣的情況。為了避免出大事，無論戀去哪裡，晴彥都必須亦步亦趨地在一旁守護。瑞貴亦明白母親的身心狀況有異，每當戀在路邊又僵住不動時，他就會搖著戀的身體，大聲提醒「媽媽，快起來！」。

除此之外，記憶障礙的情況也日趨嚴重。在談話中會記不住自己幾秒前說過的話或聽到的事，反覆說出同樣的內容。家中垃圾桶與衣櫥位置也全都忘記，有時甚至會在家裡走來走去找個好幾分鐘。

不只如此，戀因為焦慮不安備感壓力，導致偷竊癖又再度惡化。以往大約一個月會做出一次順手牽羊的行為，但自從母親過世後，已呈現全面失控的狀態。

晴彥對此表示：

「如果放木村戀自己一人外出的話，她就會到處偷東西。白天若讓她自己待著，晚上回到家就會發現桌上或她的包包裡，有好幾件一看知道是偷來的物品。我每次看到都會追問到底，找出她行竊的店家，前去歸還商品，但她隔天又會無所謂地做出同樣的事。這樣的情況層出不窮，次數多到數都數不清。」

戀在警局所留下的逮捕紀錄為五次，也曾受到簡易判決處刑。當時，她在鄰近的超市偷走了貓飼料等總計十一項的商品，被判處三十萬日圓的罰金。

戀於命案發生後接受了精神鑑定，醫師診斷她因為母親的死而罹患重度抑鬱症，導致壓力纏身而反覆做出偷竊行為。然而，晴彥對這項意見卻持否定看法。他提出反駁：

「木村戀從懷孕前就有偷竊的習慣。那時我想可能是起因於育兒或抑鬱症壓力。與其說是她的劣根性，我反倒認為這是一種病。所以我覺得應該請專科醫師診治，好好接受治療，也向她本人表達我的想法。起初她不肯接受，但溝通了好幾次後，她才終於理解。」

受到簡易判決處刑後，戀因為被晴彥下達最後通牒——若不接受治療只有離婚一途，而定期前往診所看診。然而，這家診所把重心放在解離症、記憶障礙，以及對巨大聲響會出現恐慌症的治療上，對偷竊癖的矯正則屬其次。由於治療偷竊癖需要當事人有能力維持生活上的穩定，所以診所醫師才致力於精神疾患的治療吧。

晴彥認為，光是定期就醫應該也無法立刻治好偷竊癖，因此自身也採取了因應對策。白天他不讓戀一個人在家，而是把人帶去公司加以監視。

晴彥表示：

「無論我如何勸導，木村戀依然不改偷竊行為，所以我想只能靠我來守護她，因此每天都把她帶到公司來。

在這個時期，瑞貴總說『托兒所是小寶寶待的地方，我不想去』而鬧彆扭，我便將他轉往幼兒園就讀，每天早上看他坐上娃娃車後，我就帶著戀來公司上班。她會坐在無人使用的辦公桌前，上網打發時間。我有跟員工說明原委，大家也會低調地幫忙注意她的情況。

即便如此，她還是再三做出順手牽羊的行為。就好比有一天，她說『我有點事要處理』便走出公司。過了一會兒，她捧著一大袋東西回來。經我追問後才說，這是去附近的店家拿來的。她一直都有這種狀況，所以也無法讓她獨自去購物。」

就算公司員工發揮團隊精神來監視戀，她還是會趁機開溜，不受控地行竊。

最令晴彥如臨大敵的是，下班後順道去餐廳或超市的時候。在餐廳用餐時，戀也會把店內供客人自取的餐具或收銀台旁的商品放進包包裡。不只是晴彥，就連瑞貴也一同加入注意觀察與糾正戀行為的行列。儘管他只是個幼兒園學童，只要見到母親做出任何異常的舉動，就會大聲提醒「媽媽，不可以！」

晴彥曾向瑞貴解釋：

「媽媽生病了，才會忍不住偷東西。診所醫生有幫她看病，以後會漸漸好起來的。」

瑞貴或許因此把戀視為可憐的病患吧，他對晴彥表示：

「我要保護媽媽！」

對瑞貴來說，無論如何，戀仍是他唯一的母親。

在這之後，戀的病情起起伏伏、反反覆覆，但飲酒的習慣卻從二〇一四年秋天開始急遽惡化。

以往她因為不勝酒力，幾乎滴酒不沾，但因為日子過得不順心，開始會為了排解壓力而喝酒。她對任何事都不知節制，無論白天或夜晚，只要眼前有酒必定喝個精光，或是比照喝果汁的速度豪飲，直至醉到不省人事。

晴彥實在看不下去，命她戒酒好自為之。沒想到，戀見招拆招，將酒藏在公司與住家的櫃子裡，逮到機會就偷喝。在酒精的作用下，原本就有的精神疾患更急速惡化。

十一月底，發生了一件事令晴彥認真考慮離婚的事。那天晚上，晴彥結束工作後帶著戀與瑞貴前往附近的居酒屋。他與店長相識已久，交情相當好。一家人在店內開心地吃吃喝喝後打道回府，隔天，晴彥檢查戀的包包時，發現了威士忌酒瓶、大量的衛生筷、醬汁，以及衛生紙等數也數不清的東西。想必是戀昨晚在居酒屋趁著大家不注意時，偷走了店內的這些物品。

晴彥怒道：

「喂！妳幹嘛偏偏要偷那家店的東西！」

戀一點都不感到歉疚，乾脆地承認偷竊行為。

下午，晴彥偕同戀前往居酒屋謝罪。晴彥低頭道歉，將妻子偷來的東西全數歸還。戀也低垂著頭表示「真的很抱歉」。店長則不予追究地原諒了她。

晴彥內心充滿羞愧感與無力感，準備離開居酒屋時，赫然發現戀竟然又打算偷走擺放在店內架上的一整瓶燒酎。他震怒道：

「喂，妳開什麼玩笑啊！才剛道完歉而已，妳還打算再偷嗎！」

「又沒有偷。」

「妳剛不就出手了嗎！我都看到了！」

「沒有啦。」

晴彥看著狡辯裝傻的戀，覺得自己再也無法繼續跟她生活下去。

幾天後，晴彥去戶政事務所索取離婚協議書，並攤在戀的眼前。

「請妳在這上面簽名。」

戀一臉悵惘若失地問道：「為什麼」。

「我不是現在就要立刻跟妳離婚。只不過，若妳下次又偷東西，我就會送出這張協議書辦理離婚。妳明白了吧。」

晴彥心想，下達這張最後通牒，讓戀不得不產生危機意識，她應該就不敢再行竊了吧。戀回答「我明白了。」便在離婚協議書上簽字、蓋章。

然而，才過沒幾天，戀又故態復萌。在居酒屋事件的兩天後，一家三口前往家庭餐廳用餐。三人坐在沙發上享用餐點時，瑞貴突然一臉訝異地問著：

「媽媽，這是什麼？」

戀的包包滿到鼓起來。晴彥覺得不妙，搶過包包打開一看，大量的擦手巾與長條型砂糖包統統跑了出來。戀趁機搜刮了店內的這些備品，打算全都帶回家。晴彥已無力發怒，只感到絕望。

他詳述當時的心境：

「關於偷竊這件事，我們兩人對此深談過多次。她總說『我不會再犯了』，聽到我說重話時，就會用信紙寫下〈孩子的爸，對不起，我不會再犯了〉之類的內容，但隔天又若無其事地重蹈覆轍。永遠都只是嘴巴上道歉，做做樣子而已。

儘管再三遭到背叛，但我還是沒下定決心跟木村戀離婚的原因在於，我不想害瑞貴變成單親家庭的孩子。我曾離過一次婚，讓女兒感到很寂寞，所以我才想讓瑞貴在雙親俱全的環境下成長。

如果木村戀的暴力行為常態化的話，我想我一定會毫不猶豫地跟她離婚。可是，在那個時期，她未曾使用過暴力。所以，即使她總是說話不算話，我還是有所期待，覺得只要她確實接受治療應該就會好轉，才會一直拖拖拉拉地維持著婚姻關係。」

晴彥認為當時安排戀定期回診的身心診所實施的治療程度有限，打算尋找能接受更專業治療的醫院。但是，戀的心理問題遠比他所想的還要嚴重許多。

時序來到聖誕節將近的十二月二十三日。當天晴彥全家預定於下午四點，出席一場在東京都內某間飯店舉行的聖誕派對。

晴彥大學時期的同學每年都會舉辦這場闔家參與的聖誕派對。派對採用不設座位的雞尾酒會形式，並租用四個會場上演魔術秀等為小朋友推出的活動。

這天，晴彥在中午過後便前往公司整理未完成的工作。戀與瑞貴也同行，兩人坐在辦公椅上用著電腦，吃著外帶的漢堡等待晴彥處理完手邊的工作。

下午三點過後，晴彥帶著戀和瑞貴離開公司，搭上計程車前往飯店。抵達飯店後，瑞貴看到架設於一樓的巨大聖誕樹，一雙眼睛睜得好大，感到相當驚奇。晴彥則叫瑞貴站到聖誕樹前，為兒子留影紀念。

他們來到二樓的宴會廳時剛好遇見老朋友久保田夫婦。晴彥與先生的久保田一郎是高中同學，與太太由紀子則是大學同學。兩家人一年會相聚個三、四次，一起去賞花或烤肉什麼的，夫妻倆跟戀和瑞貴也很熟。

晴彥先跟久保田夫妻打過招呼，接著在宴會廳內轉了一圈，與同學們一一寒暄。由於魔術秀尚未開演，小朋友們都聚集到願意跟兒童互動玩耍的大人身邊。瑞貴也加入其中，未跟在與老友敘舊的晴彥旁邊。

下午四點過後，由紀子在宴會廳內走動時，看見戀與瑞貴在出入口處僵持不下。戀橫眉豎目地拉著瑞貴的手臂，意欲將他帶往某處。瑞貴則弓著身不肯就範，不停地四下張望，尋找父親的身影。正當由紀子猶豫著該不該上前關切時，瑞貴已被戀硬拖出宴會廳。

由紀子從兩人的態度感受到事情似乎不尋常，連忙追上前去，卻已不見這對母子的蹤跡。究竟是跑哪兒去了呢。由紀子查看了其他場地，發現晴彥正站在吸菸區裡，便走到他身旁，說道：

「戀跟瑞貴好像起爭執，離開了會場，我到處都找不到他們，你知道會在哪嗎？」

晴彥的表情霎時蒙上一層陰霾。

「我剛去廁所的時候，聽到隔壁的女廁傳來瑞貴的哭聲，說著『媽媽，對不起，對不起。』可能真的發生了什麼事，可以請妳去看看嗎？」

「嗯，我這就去。」

由紀子快步衝了過去。

女廁內總共有六座廁間一字排開，其中一間關著門並且傳出小男孩的哭聲。由紀子心想，就是這間，接著敲門。

「是瑞貴在哭嗎？」

沒收到任何的回應，但光聽聲音便可判斷這孩子是瑞貴無誤。由紀子對著門扉說道：

「你是瑞貴對吧？戀也在裡面嗎？」

過了幾秒後才聽到戀的聲音。

「我們沒事。」

瑞貴仍哭個不停。

「真的沒事嗎？我聽瑞貴好像在哭耶。」

「他只是喝了不該喝的東西，不必擔心。」

「需要我幫忙嗎？」

「…………。」

「那個，我會幫忙的，先把門打開。」

戀不作聲。不多久後傳出了瑞貴驚恐的叫喊聲「對不起！媽媽，對不起！」聽起來不像單純的道歉，整個人的聲音因恐懼而顫抖。由紀子趕緊敲門，接著突然響起馬桶沖水聲。戀企圖用沖水聲來掩蓋瑞貴的哭聲。在沖水聲響中，瑞貴依舊聲音顫抖地不斷道歉。

由紀子認為這一切肯定是起因於戀出手打了瑞貴。她決定再度敲門，比方才更大聲地喊著：

「開門！」

門依然鎖著，沒有任何動靜。瑞貴的聲音則漸漸地轉弱。

此時傳來人在廁所外的晴彥說話聲。

「怎麼了嗎！瑞貴他們沒事吧！」

由紀子走出廁所，對晴彥說明裡面的狀況，接著立刻返回女廁，繼續敲門喊話。

「戀小姐！拜託妳！快開門。瑞貴沒事吧?!」

戀沉默不語。晴彥則在外面喊破喉嚨。

「瑞貴沒事吧?!戀，妳快出來。不然也先放瑞貴出來！」

沒再聽到瑞貴發出任何聲音，令由紀子的一顆心七上八下。

由紀子坐立難安，乾脆進入隔壁廁間站上馬桶，企圖查探戀與瑞貴的情況，但隔間太高，什麼都看不到。由紀子無計可施，只得就地對戀和瑞貴喊話。就在此時，廁所的門開了。由紀子立刻跑下馬桶進入隔壁廁間，只見瑞貴臉部朝下倒臥在馬桶右側。他的雙腳彎曲呈跪坐姿勢，上半身則往前趴倒貼在地板上。

「瑞貴！」

看到瑞貴的臉孔，令由紀子大驚失色。瑞貴整張臉充血發紫，下唇割傷，血流不止。

戀呆站在馬桶左側，依然神情恍惚。由紀子抱起瑞貴，將他交給在廁所外的晴彥。晴彥難掩驚慌，搖著兒子的身體呼喊「瑞貴，你怎麼了！」仔細一看，瑞貴頸部留有被繩狀物勒過的暗紅色痕跡。脹紅的臉上浮現了好幾顆小小的斑點，褲子因為失禁而變得濕漉漉。

「喂，瑞貴！你認得出爸爸嗎！」

瑞貴微微張開眼，額頭上也有青紫色的腫塊。

「怎麼了？發生了什麼事？」

「媽媽她……脖子，被弄得好痛……」

聽到這句話，晴彥立刻明白是戀勒住瑞貴的脖子。

戀一副魂不附體的模樣，表情呆滯地從廁所走出來。晴彥叫住她。

「喂，妳對瑞貴做了什麼事！」

「……我什麼，都沒做。」

「怎麼可能。什麼都沒做的話，孩子會變成那樣嗎！」

「我沒有。」

明知她是說謊，但現在不是爭論這些的時候。

由紀子的丈夫一郎聽到吵鬧聲，連忙趕了過來。他見到瑞貴的模樣就說：

「最好還是叫救護車吧。」

晴彥腦海中掠過一絲不安，深怕萬一叫救護車可能會演變成警方介入偵辦的事件。在同學們攜家帶眷享受歡樂時光的會場，他實在不願把事情鬧大。

「沒關係，我們自己處理就好。」

晴彥離開廁所，讓瑞貴躺在沙發上，小心地照顧著他，直到他的情緒恢復平靜。

隔天，一早就是烏雲密佈、冷風呼嘯的陰天。幼兒園已開始放寒假，因此晴彥與昨天一樣，帶著戀和瑞貴前往公司上班。

年關將至，員工們的工作態度與公司內的氣氛都比平時來得悠閒。然而，當他們看到瑞貴的臉蛋時，無不露出驚訝的表情。瑞貴臉上的傷明顯變色到怵目驚心的程度，脖子上的勒痕也比昨晚來得深。員工們紛紛關切詢問：「這是怎麼了？」、「發生什麼事？」

晴彥不想讓瑞貴又喚醒不愉快的記憶，只得含糊帶過，但無法令員工信服。戀則滿臉堆笑地出面解圍：

「不要緊的。不是什麼大事，請大家別在意！」

語氣聽起來就像事不關己般。

聽到這些話的瑞貴突然激動地說出：

「才不是咧！是媽媽妳拿繩子用力拉我的脖子！」

瑞貴實在無法原諒把自己害到性命垂危，卻一副沒事一樣的母親。

晴彥心想，在公司內引發騷動也只會徒增麻煩而已，因而抱住瑞貴予以安撫。瑞貴察覺到父親的用意，轉而噤聲不語。晴彥為了瑞貴著想，暫時也只能將他與戀分開。

晴彥如此描述當時的心境：

「在飯店的那起意外，是木村戀首次對瑞貴造成危害的事件。在這之前她不曾打過瑞貴，或做出勒脖子之類的行為。所以我本身也花了一些時間，才對飯店那件事理出頭緒。有天晚上，我仔細詢問瑞貴當天在廁所內發生的事，並拍下他臉上還有脖子上的傷。當時我想，如果要離婚的話，這就是能用來舉證的材料。不過，在那個階段，戀所引發的暴力事件僅此一樁，所以我認為，相對於強行離婚，更重要的是早日讓戀開始在醫院接受治療。

聖誕節過後，我洽詢了東京都內的幾家醫院，說明原委、拜託院方安排住院事宜，但因為症狀和年節的關係，找不到願意收治戀的地方。然而，看到她在公司展現出無所謂的態度，令我感到害怕，心想必須盡快找到醫院，不管怎麼樣都得讓她遠離瑞貴。」

在這之後，晴彥持續利用工作空檔洽詢各家醫療機構，但因為歲末年終的關係，遲遲無法得到期望的答覆。晴彥的心情愈發焦急，轉眼間已過了五天。

十二月二十九日，時值寒冬的東京天空萬里無雲，晴朗得澄澈透明。公司已進入新年假期，晴彥因為必須整理雜務，只得帶著戀和瑞貴去上班。

母子兩人玩著電腦打發時間，晴彥則伏案進行文書作業。這天傍晚預定前往高中同學的守靈夜弔唁，必須在這之前處理完公事。

下午三點過後，手邊的工作已告一段落，距離守靈夜還有一點時間，晴彥停止辦公，針對今後的狀況，再度思考一番。在歲末年初這段期間他能陪在戀與瑞貴身邊，但初三過後，因工作需要，無法時刻陪伴母子左右的情況勢必會變多。考量到聖誕派對那天，他不過是稍微讓他們離開視線幾分鐘便發生那樣的事，確實有必要提前部署，安排戀住院。

晴彥想起從前向警方諮詢戀的偷竊癖問題時，一名女性警官曾告訴他「若有任何問題，請隨時與我聯絡。」晴彥心想，或許對方會願意給予協助，因而拿起電話撥打至警局。

晴彥對該名警官說明來意：

「以前因為我們家的事，讓您費心了。是這樣的，大概在六天前，我太太勒了我兒子的脖子。往後，她或許還會做出虐待行為，為了防範未然，我想安排她住院，請問您可有推薦的醫療院所？」

警官回答：

「如果是虐待案件的話，不妨跟兒童諮詢所連絡看看。這個單位全年無休，或許會安排保護安置措施。」

「我不想讓兒子住進兒童諮詢所。而且歲末年初這段期間，有我照看母子二人。我認為我太太有必要治療疾病，所以能否請您介紹醫療機構呢？」

「既然是這樣的話，那我就告訴您醫院名稱，還請先生您自行與院方聯絡看看。」

警官如此表示後，接著告知醫院名稱，晴彥致謝後掛上電話，再撥打到醫院。

院方那頭接電話的是一名護理師。晴彥表明戀的解離性障礙、記憶障礙、偷竊癖等情形，接著說明了聖誕派對那件事，拜託對方能否盡快安排戀住院。

護理師回答：

「必須跟院長面談過才能安排住院。但今天院長不在，方便請您明天過來一趟嗎？」

「好的。也就是說只要院長同意，就可以立刻住院囉？」

「的確是有這個可能。」

結束通話後，晴彥心想事情總算有了著落，而放下心中大石。感覺就像有一道光照進了漆黑茫茫的前路。

晴彥如此描述當時的心境：

「跟醫院的護理師通完電話後，我把戀叫來，交代了明天要去面談的事，也一併告知可能會安排住院。她一開始顯得很不情願，我讓她看了用手機拍下的瑞貴傷勢照片，並說服她實在有必要接受治療，她才勉強同意『好吧，這次我會配合住院』。聽到這句話，我真的鬆了一口氣。一方面是因為這樣瑞貴暫時就不會受到危害，另一方面我也期待戀的病情能好轉。」

晴彥可說是盡了最大的努力做出做妥善的安排。然而，面談因院長不在而延後一天，但這一天卻發生了令人痛心的憾事。

在公司跟戀說完明天要去醫院面談的事後，晴彥便按照預定行程，帶著戀和瑞貴前往靈堂弔唁。回程則順道去了購物中心吃晚餐。

購物中心因為年關將至的緣故，人潮比平時還要多，各家店面也都裝飾得十分喜氣華麗。瑞貴似乎很喜歡這種節慶氣氛，整個人顯得很雀躍，看到擺設在店門口的人氣卡通人物泡澡錠，一直吵著「我想要這個！」家裡已經有同款商品，因此晴彥買了其他種類的泡澡錠，並讓晴彥轉了人氣卡通人物的扭蛋機。

戀看著兩人互動的模樣，喃喃自語著：

「真好啊。爸爸這麼寵你。」

晴彥並未注意到這句話，但對戀來說這已是她絞盡腦汁所能想到的、對丈夫的最大諷刺——埋怨晴彥要將她打發到精神病院，只把瑞貴捧在手掌心。

在購物中心用完餐與買完東西後，晴彥一家人驅車返回公司。公司與住家只有一個街區的距離，走路大概三分鐘，因此晴彥總是把車停在公司停車場。

此時，戀默不作聲地爬上樓梯進入辦公室。晴彥與瑞貴則在外等待，戀未多做停留隨即下樓，三人接著返家。

回到住家華廈時，已過了晚間九點。從家中一大片落地窗望去，能將東京下町的景致盡收眼底。位於十三樓的住處，距離地面有三十九・六公尺高，附近的建築物大多低於此高度。

晴彥開啟暖氣，祛寒取暖，瑞貴拿起剛買的泡澡錠，天真無邪地說著「我要用這個泡澡！」此時，戀不留情面地直接走進浴室。她的沐浴時間很長，通常超過一個鐘頭。晴彥安慰瑞貴，

「啊，媽媽搶先去洗澡了。不然，要不要跟爸爸一起在床上玩遊戲？」

一整天都在外面，瑞貴肯定很累了才對。在床上玩著玩著，應該就會直接睡著吧。洗澡可以等明天再洗就好。

晴彥拿起散落在地上的玩具，與瑞貴一同躺在床上。能一覽夜景的景觀窗緊閉著，聽不到外面的聲響。

父子倆玩了一會兒後，如同晴彥預料般，瑞貴一臉睏意地揉著眼睛。

「爸爸，我，想睡了。」

晴彥輕撫著兒子的身體。

「那就睡吧。明天再泡澡。」

瑞貴閉上雙眼後，立即呼呼大睡。他若睡得很沉時，通常會一覺到天亮。

晴彥覺得自己也有睏意，但還有事情沒做完。要先再跟戀討論明天要去醫院面談的事後，還得為住院做準備。

晚間十一點，戀泡澡泡到全身熱呼呼，才從浴缸起身離開。她瞄了寢室一眼問道：

「瑞貴，睡了？」

「喔，玩了一下子後就立刻睡著了。」

「我好像把手機忘在公司了，可以去拿嗎？」

戀表示方才繞去公司時，將手機忘在辦公桌上。

晴彥心底掠過一絲不安。讓戀獨自外出，怕她又會跑去超商偷竊。

「那我去拿回來好了。妳放在哪？」

「辦公室的桌上。就在公務機旁邊。」

她說得斬釘截鐵。

「好，我去去就回，妳在家等我。」

「嗯。」

晴彥穿上外套，想起明天是垃圾收運日，順便將廚餘帶下樓才走出華廈。

抵達公司後，晴彥拉開鐵捲門爬樓梯上樓。如戀所言，手機的確就放在辦公桌上。他拿起手機後便直接離開公司。

回程途中，由於寒風刺骨，晴彥便在自動販賣機買了罐裝咖啡，放進外套口袋暖手，踏上歸途。從離家到回家約莫花了不到二十分鐘的時間。

轉進巷子裡後，晴彥看見戀獨自站在華廈前，眼神飄移地四下張望。

晴彥見狀詢問：

「怎麼了嗎？」

「瑞貴不見了。」

晴彥心想，這是在開玩笑吧。

「怎麼可能不見。他不是躺在床上睡覺嗎。」

「他聽到你出去時的關門聲就醒過來了。然後追著你跑了出去。」

這是絕對不可能的。瑞貴不會因為關門這點聲響就醒來，而且五歲的小男孩也不可能在寒冬的深夜裡一個人外出。這肯定是戀胡思亂想編出來的故事。

晴彥不當一回事地說道：

「他在房間內睡覺。總之，我們先回去吧。」

兩人搭乘電梯，回到十三樓的住處。

晴彥在玄關脫下鞋子，往寢室內一探，頓時感到背脊發涼。原本緊閉的窗戶不知為何竟然完全打開，寒風呼嘯著吹入房間，床上則不見瑞貴的身影。在下一瞬間，一個最壞的想法閃過晴彥的腦海。

——**戀把瑞貴從窗戶推了下去！**

晴彥急忙飛奔出家門趕往一樓。窗戶正下方是一片植栽，晴彥往此處一看，發現了渾身是血的瑞貴倒在那裡。

「喂，瑞貴！」

晴彥衝上前抱起兒子，但孩子渾身無力毫無反應。

「瑞貴！瑞貴！」

瑞貴的手腳無力地垂下。若真的是從窗戶被推下來的話，後果肯定不堪設想。

晴彥心想必須趕緊叫救護車，但手機卻放在家裡沒帶在身上。他抱起渾身是血的瑞貴往華廈內跑。抵達大廳後，慌亂地猛按電梯按鍵，但電梯遲遲不來。

晴彥急得像熱鍋上的螞蟻，握著瑞貴的手拚命詢問：

「你還好嗎！瑞貴，你還好嗎！」

瑞貴未出聲回應，但用小手回握住晴彥的手指。

這孩子還活著。晴彥一心只想救回瑞貴，因而把嘴巴抵在其嘴唇上進行人工呼吸。想不到，瑞貴卻用力咬了一下晴彥的舌頭。

就在此時，電梯總算抵達一樓，一對男女情侶走了出來。相對於回到住處拿手機，拜託眼前的這兩人會比較快。晴彥抱著瑞貴說道：

「不好意思！可以借我手機嗎！」

這對情侶一臉困惑。晴彥管不了這麼多地接續道：

「這孩子受傷了！請幫我打一一〇，拜託你們了！」

不是一一九，而是脫口說出一一〇，正是因為他確信瑞貴是被戀推落墜樓的緣故。這對情侶聞言立刻撥打一一〇報案。

警車在七分鐘後抵達華廈，救護車也接著趕到。

瑞貴旋即被送往大學附設醫院，但為時已晚。午夜零點十二分，醫師宣告瑞貴死亡。

事件發生後，警方因晴彥的證詞而將戀拘押。戀在接受偵訊時否認殺害瑞貴，警方因而針對聖誕派對那起事故，依殺人未遂罪嫌將她逮捕，繼續深入偵辦。

隔年一月，為了調查戀的責任能力而實施了鑑定留置（為了對嫌犯進行精神鑑定而將其留置於醫院等處所），但這段期間戀仍頑強地否認，一味主張「是瑞貴自己從窗戶摔下來的」。戀直到四月鑑定留置結束，依殺人未遂罪嫌遭到起訴後，才終於承認犯行並做出供述。

戀所供稱的內容如下：

「我不喜歡小孩。育兒讓我累到甚至得定期上精神科看病的程度，所以我才覺得沒有小孩比較好。而且我先生整顆心都向著兒子，令我無法忍受，覺得瑞貴很礙事，才把他從窗戶推下去，讓他摔死。」

戀終於承認，瑞貴對她而言只是個奪走自己的自由時間，以及丈夫寵愛的存在，為了消除這個眼中釘才將他從窗戶推下。

進入六月後，戀依殺人罪遭到起訴，當媒體再度大篇幅報導這起事件時，網路新聞的留言區充斥著對戀自私行為感到憤怒的聲浪。絕大多數的內容都認為戀是如同惡魔般的女子，絕對無法原諒這樣的犯行。世人的反應再正常不過，即便患有精神方面的疾病，做出這樣的行為依舊天理不容。

另一方面，在公開審判時，辯護方則以戀內心的創傷作為辯護主軸。其主張為，不應將此案單純視為患有精神疾病的女性所造成的犯罪事件，重要的是探究她的成長經歷，將焦點放在她內心如何遭到侵蝕的經過，這才是這起事件的本質。從律師的說詞與筆者採訪見聞所掌握到的戀半生經歷，的確遠遠超乎一般想像——。

從戀懂事開始，家裡就沒有父親與母親。父母拋棄了她，在她的成長過程中缺席。戀的母親名叫愛子。愛子從孩提時代便素行不良，是鄰里間的問題兒童。進入青春期以後則流連於聲色場所，父母完全管不動她。她接著離家，在SM俱樂部以「女王」之姿賺錢討生活。在這個時期，她已不再與老家有所聯絡。

一九八〇年五月，在聲色場所工作的愛子與當時交往的男性生下了孩子，也就是長女的戀。然而，這個男人在她產後隨即逃之夭夭，沒給任何的扶養費。由於無人可以依靠，愛子只得抱著九個月大的戀回到老家。

戀的祖父母看到女兒唐突地帶個小嬰兒回來，著實難掩訝異。愛子不把事情說清楚，就直接把戀丟給父母照顧，自己則無拘無束地玩到夜不歸宿。父母親對此感到忍無可忍，出言數落了愛子幾句，她卻怒回「有夠煩的」便抱著戀離開老家。

過了一年左右，愛子又再度跑回老家。當初因為討厭父母叨念而打算自己看著辦，但育兒不順利只得回來投靠父母親。然而，這次她依然與父母發生衝突，又抱著戀出走。

父親擔心地四處尋找兩人，發現愛子把戀託給友人家照顧，自己則跑到別的男人家廝混。愛子似乎是為了跟男人同居，嫌戀累贅而將她託給友人。

父親覺得戀受到這種對待未免太可憐，便對愛子的友人表示：

「若愛子不肯照顧的話，可以讓我們把戀接走嗎？」

友人則冷冷地回應：

「是愛子拜託我帶孩子的，我不能擅自把她交給你們。」

父親聞言也無法堅持要對方放人，只能滿心牽掛地黯然離去。

至於戀在這名友人家裡過著什麼樣的生活已不可考。恐怕是被當成累贅，不受待見，而且愛子也幾乎不曾來探望過她吧。戀當時才一歲，本身也沒有這段記憶。

在之後又過了一年，愛子第三度回來投靠老家。據悉是因為友人表示再也無法幫忙照顧戀，而將孩子交還給她。愛子對父母表示：

「我跟我男人住在其他地方，所以沒辦法照顧這孩子。你們幫我帶吧。」

父母親聽到這段話只覺得錯愕傻眼，但倘若拒絕，遭殃的就是戀。既然如此的話，乾脆他們自己來把孫女養大。

父親回答：

「好，妳就把戀留下來吧，我會照顧她的。」

他們決定替代孩子的父母親來承擔教養責任。

戀的祖父如此回顧這段時期：

「愛子對戀的態度非常冷淡。她總是男人一個換過一個，應該覺得戀很礙事吧。戀真的是個很可憐的孩子。所以我決定代替愛子給她很多的愛，來撫養她長大。戀沒有父親，就由我來扮演父親的角色，帶她去公園玩、去釣魚。還記得我經常讓她坐在我的肩膀上，或是一起玩鬼抓人的遊戲。」

相對於祖父對戀傾注關愛，生母愛子一年回老家探訪的次數則屈指可數。戀稱呼養育自己的祖父母為「爸爸」、「媽媽」，對於久久才見一次面的愛子則稱為「姨姨」，做出親疏之分。

戀形容這個時期的人生「非常幸福」。儘管她對祖父感到無比敬愛，但對祖母似乎不是這麼一回事。她回憶道：

「在爺爺家生活的那段時光真的很快樂。爺爺很帥人很好，什麼事都難不倒他。說話方式也很溫柔。經常帶我去散步、願意抱我，對我來說他就像太陽那樣。奶奶是很用心照顧庭院植物的人，會做飯給我吃，目送我上學。可是，我不能撒嬌依賴她。她在小酒館工作，把錢看得很重，會叫我調酒給她喝，喝醉後就會一直跟我講別人的壞話。」

戀會跟相差二十三歲的晴彥結婚，並過度渴求關愛，或許與她崇拜祖父的心態有關。

在祖父母家的幸福生活，則在戀小學三年級時畫下休止符。當時愛子回到老家，對父母說：

「以後戀就由我來撫養，把她還給我吧。」

戀並不知曉，原來祖母經常以「扶養費」為由，向愛子索討現金，或是要求她購買高級名錶等精品。愛子對此感到不滿，決定帶走戀。

當時愛子在風月場所工作，與名叫章介的男友租了一間公寓同居，戀後來就在這裡與他們生活。章介就是很典型的「軟飯男」，會跟愛子討零用錢，幾乎每天都流連在柏青哥店、賽自行車場、賽馬場，沉迷賭博。

晚上愛子因為工作不在家，家裡通常只有戀和章介兩人。章介酒品很差，賭博輸錢時就會對戀發洩滿腔的憤懣。看到戀待在電視機前就會怒吼「妳為什麼會在這裡」、「臭小孩，我要殺了妳」，接著使勁毆打戀的頭部或踹她的背部。還會看著她的臉怒罵「醜八怪！給我關在房間別出來！」

戀如此描述章介的暴力行為：

「那個人總之就是好像很討厭我。我只是待在客廳裡坐著，他就會來凶我，勒我的脖子。他還曾經掐住我的脖子，把我整個人架在半空中。喝酒喝到一半，會拿還沒喝完的啤酒罐砸我。他老是叫我回自己的房間，所以我想他應該是覺得我很礙眼。」

從這個時期開始，戀只要聽到較大的聲響，就會因為恐懼導致手腳動彈不得，全身顫抖不已。章介的怒吼聲、踢牆壁的聲響、碗盤破碎的聲音，全都成為烙印在心裡的創傷。

後來章介開始會對戀做出性虐待行為。戀憶起這段往事時表示：

「當我靜靜地待在房間時，那個人就會進來抓住我的腳踝，把我的雙腿打開，用腳對我做一些很色的行為。讓我覺得非常羞恥。

而且我們三人睡在同一個房間，那個人會在我身旁跟我媽做愛，他是知道我醒著才故意這麼做的。

一開始我不明白他們兩個是在做什麼，媽媽所發出的巨大聲響聽起來像是在哀叫，令我以為她被那個人欺負，著急地高喊著『不要這樣！』但他們兩個不理我，繼續做愛。

在我明白性行為的意思後，每當兩人又在旁邊開始親熱時，我會選擇默不作聲。有時會裝睡，有時會靜靜地看向別處。」

章介與愛子似乎是刻意讓戀觀看兩人交媾來增添樂趣。偶爾還會帶戀上賓館，在寬敞的大床上做愛。在這段時間，戀只能在待在沙發或浴室內默默地聽著兩人的喘息聲。

升上中學後，戀內心對愛子與章介的恨意已膨脹到即將爆炸的程度。在她開始與年長三歲的學長交往後，便離開愛子的公寓，住進男友家裡。這個家也住著男友的父母親與手足，但他們對於家裡多了一位形同離家出走的少女，卻沒有任何反應，因此應該也不是什麼正常的家庭吧。但對戀而言，她不在意這些，只要能逃離母親便心滿意足。研判她在這個時期已經開始出現偷竊行為。

中學畢業後，戀曾在加油站、KTV打工，接著投身特種行業的世界。對於沒有學歷、父母援助的她來說，這樣的選擇並不令人感到意外，畢竟這是少數幾個能讓她賺錢的行業。

然而，也就是在這個時期，從小學時代不斷積累的創傷，將戀的心靈摧折得破碎，大幅扭曲了她的人格與觀念。根據警方的紀錄，當時戀除了偷竊癖外，亦出現恐慌症、謊言癖等現象。在這樣的背景下，戀二十七歲時便有過兩段婚姻，孩子的監護權也給了前夫。

日後她則透過網路，認識了時年五十歲的晴彥。晴彥幾乎不知道戀的過去，但一起生活後便察覺到她內心的陰影。若真要說他有何過失的話，無非是未即刻正視戀的各種問題，低估了嚴重性，以為總會有辦法解決。

戀的心靈崩壞程度遠比晴彥所想的還要嚴重許多。她在成長路上不斷遭到母親傷害，得知她的死訊後，內心緊繃的那根弦彷彿隨之斷裂般，令她的精神狀態一口氣潰不成軍。在解離性障礙與記憶障礙轉趨惡化時，她應該已失去控制自身行為的能力。在內心已完全失衡的狀態下，導致她引發了這起事件。

公開審判時，以辯護方證人身分出庭的女醫師亦主張，戀的異常行為與她童年時期所遭受的虐待有很深的關係。至於精神鑑定結果，除了前面所述的精神疾患外，還發現了以下的問題：

- 輕度智能障礙（ＩＱ60）
- 適應障礙
- 混合型人格障礙

醫學上也已證明，受虐兒童的腦部會遭到嚴重破壞，引發各種障礙，但哪個部分是先天性，哪個部分是虐待所造成的後天性障礙，則難以證明。然而，戀無法疼愛自己的孩子，因渴求丈夫的關愛而殺害瑞貴的背後原因，確實與她自幼便背負著無數的心理創傷以及心病有關。

公審時，戀顛三倒四的說詞最為引人側目。她已承認殺人事實，卻又突然改口「我沒從窗戶（把瑞貴）推下去」、「我只需要反省勒住（瑞貴）脖子的這件事」。與其說她是在扯謊，倒比較像是搞不清楚何為事實。

以證人身分出庭的晴彥，把話說得很清楚：

「沒能保護好兒子，是我最大的遺憾。我至今仍把他的骨灰罈留在身邊。在這種情況下（戀否認動手推落孩子）瑞貴也死不瞑目。我盼望能釐清事件的真相。我恨木村戀，希望判給她最嚴厲的懲罰。我不想再跟木村戀這個人有任何瓜葛。」

戀對晴彥來說，已然只是個可恨的對象而已。

法官在做出判決時，認同戀患有精神疾患的情況，但不足以構成大幅減輕她責任的理由。判決結果如下。

——有期徒刑十一年（求刑十五年）。

7　母親殺了妹妹與弟弟〈加害者家屬〉

親屬間的殺人事件有一項特徵——家族成員既是「加害者家屬」亦是「被害者家屬」。

比方說，發生了一起母親殺害長女的事件。這名母親的丈夫、雙親、兄弟姊妹，以及其他還活著的孩子，既身為加害者家屬，同時也是被害者家屬。一起事件，卻讓親屬背負著兩座沉重的十字架。

大部分的家屬會絕口不談此事，因顧忌他人的目光而低調過日子。血親殺害血親，既無法請求損害賠償，也無法對朋友吐露心中的憤怒或悲傷。必須獨自一人承受著無從宣洩的鬱悶情緒活下去。

最終章所要探討的是，受到親屬間殺人事件牽連之家屬們後續的人生。

一九六六年，岡垣弓子（化名，以下同）在日本北關東地區知名溫泉附近的一座小城鎮，呱呱墜地。她卻在日後成為引發殺人事件的凶手。

弓子在家中三姊妹中排行老二，但姊妹之間的血緣關係有點複雜。父親源一郎與母親花代皆為再婚，長女陽子與弓子為花代與前夫之女。只有小弓子三歲的么女郁子為這對夫妻倆所生。但夫妻兩人決定在女兒長大前，隱瞞這項事實。

據悉三姊妹中就屬弓子的個性最不沉穩。她從年幼時就經常做出我行我素的行為，上小學後魯莽暴躁的情形更為顯著，動輒與家人和同學發生衝突。父母常常因為她在學校內外引發紛爭而被叫去了解情況。根據親屬所述，以現在的觀點來看，應該就是疑似患有某些障礙。

父親源一郎或許是因為沒有血緣關係的緣故，幾乎不過問弓子的事，管教弓子與收拾爛攤子的責任全都落在母親花代身上，但隨著弓子年歲漸增，她愈發管不動女兒。無論她如何勸誡，弓子依然我行我素，每每在家中與學校捅出各種婁子。花代三天兩頭就得四處向人賠罪道歉。

這對夫妻與女兒們之間的關係，則在弓子上中學不久後，出現重大裂痕。他們對長女陽子與弓子表明了一直以來祕而不宣的血緣關係。

「妳們是我在第一次結婚時跟前夫所生的孩子，所以跟現在的父親沒有血緣關係。」

花代或許是認為女兒們已上中學，應該能接受與理解這件事。

然而，對於正值青春期的孩子而言，得知這項事實令她們感到晴天霹靂，相當震驚。陽子與父母鬧翻，在考上高中的同時便搬出家裡，與祖母同住；弓子則拒絕上學，中學畢業後隨即離家，住在溫泉旅館工作。

這個溫泉鄉是馳名全日本的觀光勝地，再加上八〇年代景氣熱絡，遊客川流不息。弓子則在旅館擔任櫃台人員。

然而，她在工作上亦頻頻出問題，甚至鬧上警局。她從以前就會慣性偷竊，曾數度受到輔導。於旅館就職後，被旅館的人發現她會若無其事地偷走陳設於商店架上的商品。每當雙親收到警方的聯絡時，就得出發前往溫泉鄉低頭謝罪。

過了一段日子後，弓子轉換跑道成為女侍，在旅館有宴會時負責接待工作，幫忙斟酒、陪客人喝酒聊天。當時她才十幾歲，很受客人歡迎，據說非常搶手。儘管尚未成年，卻酒量奇佳，每晚都豪飲到天明，隔天早上依舊不受影響。

從事這份夜晚的工作，令弓子受到眾多男性的追求。據悉她與其中幾人發展出男女關係，但彼此之間依舊糾紛連連。弓子很容易墜入情網，又渴望對方給予源源不絕的愛，動輒因為一點小事而醋意大發，做出試探對方的行為或故意找碴。

最令周遭之人感到頭痛的是，她會因為情緒失控而演變成自殺未遂。每次與戀人起口角，她就會像發狂般地大吵大鬧，跟所有認識的人宣告「我要去死！」老家的父母親也經常受到波及。

當時為中學生的么女郁子對此表示：

「自從搬出家裡以後，弓子一年會自殺未遂好幾次。原因幾乎都跟男人有關，她會突然打電話給父母親，說著『我現在要跳樓！』或者是『我在家裡正打算割腕』。還曾宣稱『家中充滿瓦斯味，身體很不舒服』。每次接到這種電話，父母親就會驅車趕去查探。

用一句話來形容弓子，就是一個心靈很脆弱、情緒極為不穩定的人。明明沒辦法跟男性好好交往，卻又隨便發生關係。然後在感情上不順心時，就暗示自己要自殺，牽連身邊的人，鬧個不停。我認為父母親根本無法理解我二姊，不知道她究竟在想什麼，所以才會一直幫她收拾爛攤子。」

畢竟弓子年方十六、七歲，做父母的實在無法狠心與她切割，丟著她不管。

在弓子沉溺於陪酒工作的十七歲那年，發現自己懷了當時交往男人的孩子。對方是同樣在溫泉旅館工作的三十二歲男性。弓子在辦完結婚登記後，決定回到老家生活。老家距離該旅館大約三十分鐘車程。她打算在這裡為生產做準備，讓丈夫從老家通勤。

當時父親源一郎與母親花代，以及妹妹郁子都住在這個老家裡。三人皆對弓子突然帶著丈夫回來同住的行為感到訝異，但又不能將他們趕出去，只得默許。

搬回老家後，弓子的情緒起伏依然很大，三天兩頭就跟丈夫爆發衝突。某天，兩人起了激烈口角，弓子放話：

「你給我滾出這個家！我會跟你離婚，永不相見。孩子我自己養，快給我消失！」

弓子只因怒火攻心就把丈夫趕出家門。

她完全不聽雙親的安撫規勸，執意離婚，並於一九八三年獨自產下女兒。這孩子則取名為瞳。

產後，弓子似乎毫無身為母親的自覺。一出院就說「養孩子很花錢，我必須工作」，就把瞳丟給父母親照顧，自己則回歸老本行，在溫泉旅館陪酒。父母親原本想說只幫忙顧晚上的話，還勉強可以接受，但弓子卻變本加厲，乾脆不回老家了。她趁機請認識的男人幫忙租了一間公寓，並開始在此生活。

最令人瞠目結舌的是弓子的厚臉皮行徑。她明明沒支付半毛生活費，卻會突然回老家吃晚餐，填飽肚子後說聲「那就再見啦」，完全不顧瞳，逕自離去。面對再三做出這種行為的女兒，花代曾數度提出警告：

「妳已經當媽了耶，是打算拿瞳怎麼辦啊。請妳負起責任，好好扶養孩子。」

弓子一點都不覺得自己有錯，反而惱羞成怒地丟出一句「我也有在工作好嗎！」

有一天，弓子又被花代叨念起這件事，她罕見地帶著瞳離開老家。花代心想弓子終於回心轉意要好好養育孩子。然而，過了幾天後，弓子來到老家時卻沒帶著瞳。花代詢問原由，弓子滿臉不耐地說道：

「那孩子在育嬰院啦。我照顧不來，所以把她放在那裡。」

瞳才三個月大，連脖子都還沒硬，弓子居然就將這樣的幼兒送到機構去。

花代趕赴育嬰院，看到瞳被其他嬰兒傳染德國痲疹顯得很不舒服（日後瞳也因此緣故導致視力受到影響）。花代著實感到不忍心，便把瞳接回家了。

花代代替腦袋不知在想什麼的弓子，再度撫養瞳。據郁子所述，幾週後，家裡收到一封未曾見過的文件。是從法院寄來的。他們納悶地拆開信封，裡面居然是一張起訴狀。上面寫著，弓子因女兒遭其父母奪走，所以要對父母提起民事訴訟。

全家人對此感到目瞪口呆。明明是弓子未善盡身為母親的職責，他們才將瞳從育嬰院帶回來撫養，卻反而因為這樣而挨告。肯定是弓子聽信晚上那群狐朋狗友的餿主意，想撈油水才出這一招。

他們雖對弓子恩將仇報的行為感到憤怒，但首先必須說服她打消提告的念頭。花代按捺著洶湧翻騰的情緒與弓子溝通，表明他們會代為撫養瞳，但條件是她必須撤回告訴。

郁子表示：

「父母親一直都被弓子拖累，或許內心其實是想跟她斷絕往來的，但因為孫女瞳的關係，無法真的狠下心。只不過，弓子根本沒打算扶養孩子是再明顯不過的事實。父母親或許因而認為，既然如此的話，乾脆由他們來照顧瞳，免得再受弓子牽連。再這樣下去，瞳的遭遇勢必會變得很悲慘，當時我也已經讀中學了，覺得如果可以的話，能這樣處理是最好的，若有需要我也願意幫忙。」

就這樣，花代決定代替弓子來養育瞳。

花代付出自身所有的時間來照顧瞳。要將小嬰兒拉拔長大的經濟負擔相當重，但一想到自己生出弓子這樣不長進的女兒，便感到責無旁貸，只得接受這項現實。

弓子全然未將父母親的辛勞放在心上，沉溺於陪酒小姐的燈紅酒綠生活之中。她在精神層面上也絲毫未見長進，依然學不乖地反覆偷店裡的東西、與同事起衝突、因感情糾紛而自殺未遂。花代為了避免弓子對瞳造成不良影響，盡可能讓瞳遠離弓子。

就在某一天，花代的擔憂成真。那天弓子因為與交往中的男性鬧分手而情緒失控，跑回老家。花代對此早已見怪不怪，催促她早點回自己的住處。弓子因而遷怒，抱著已經三歲的瞳飛奔出家門。

不知弓子要把瞳帶到哪去，令花代十分擔心。幾小時候，終於接到弓子打來的電話。她哭哭啼啼地說道：

「我再活著也沒有意義！我現在就帶著瞳一起去死！」

弓子揚言攜女自盡。花代驚慌地詢問：

「別、別亂來。妳現在在哪?!」

「跟妳無關吧。我就是要死！我要自殺！」

「不可以。妳為什麼要把瞳扯進來。她是無辜的啊。快告訴我妳在哪裡。」

無論花代怎麼問，弓子就是不肯說出所在地。只不過，從對話的內容推敲，可得知她是從山裡的公共電話打來的。從以前到現在，弓子曾數度在某座山上企圖自盡。這次想必也是在同一個地方吧。花代決定賭賭看，驅車前往此處找人。

她來到山裡的地標區域繞了一圈，果然不出所料地發現弓子將車停在這裡，而且瞳也在車內。總算在千鈞一髮之際，阻止女兒做出傻事。

花代因為這件事，加深了要讓弓子在醫療機構接受治療的決心。她從以前便懷疑弓子異常的言行舉止應該是某種精神疾病所造成的，若再置之不理，難保不會再發生同樣的事。弓子本人應該沒有意願，但就算用強迫的，也得讓她在精神病院接受治療。

花代與丈夫和醫師一搭一唱，將弓子帶往醫院，強行安排其住院。站在弓子的立場來看，自己形同掉入陷阱而被關在精神科病院的病房裡。

在精神科病院，弓子被換上病人服並被投予大量藥物。病院的門都上鎖，無法自由進出。所有作息活動，從起床到用餐、沐浴的時間都被仔細安排，幾乎不會受理患者提出的要求。在同一病院內，收治了許多會發出怪聲吵鬧、因妄想症而如驚弓之鳥的重症患者。

住了幾天後，弓子打電話回老家求救。她在電話那頭啜泣道：

「住院的生活好難熬。我會乖乖的，請讓我出院。我也不會再鬧自殺、不會再引起騷動。我跟你們保證。求求你們了。」

花代聽著這些話，對於自己強迫女兒住院一事感到歉疚。或許真的是做得太過火了。

全家人集合討論該如何應對此事。花代說：

「弓子都這樣苦苦求饒了，就讓她出院吧。在那裡可能真的很痛苦。我們把她接回來，讓她在門診接受治療，我想應該會好轉的。」

其他人敵不過花代這番懇切的言論，只得勉強同意。弓子因而得以順利出院。

然而，弓子的狡猾程度遠遠超乎家人的想像。一踏出醫院，她便肆無忌憚地謾罵，溜回位於溫泉鄉的公寓。她的哀求應該只是為了想出院而惺惺作態吧。

不僅如此，弓子還透過民事訴訟的方式來報仇。這回她指控父母親以欺騙手法強迫她住院而提告。無論是花代還是源一郎都對自己竟然會天真到同情弓子而感到懊悔不已。

么女郁子表示：

「自從發生同歸於盡失敗以及訴訟事件以來，父母親對弓子的提防變得徹底了。在這之前，全家人還會覺得『既然弓子很痛苦的話，那我們就該幫她』，或者是『如果可能的話，希望弓子能撫養瞳』。可是因為這兩件事令父母轉念，只想盡量遠離弓子來保護全家人與瞳的安全。」

愈是提防弓子，就愈加深花代心目中以「母親」的立場守護瞳的使命感。不知不覺間，瞳也隨之稱呼花代為「媽媽」。

在花代與源一郎的呵護下，瞳身心健康地逐漸長大。花代不吝傾注關愛，相當疼愛瞳，每逢運動會與成果發表會一定出席，省吃儉用讓瞳能穿得漂漂亮亮的。就連知曉這家人情況的鄰近居民，也都會誇瞳是「開朗的好孩子」，這都要歸功於花代的努力。

弓子在精神病院事件後曾短暫銷聲匿跡，但不知從何時開始又像個沒事人般，會突然晃回老家一趟。瞳在這個時候已被告知弓子才是自己的生母，但對她來說，弓子就像是偶爾來訪會送自己禮物的親戚那樣。她並不把弓子當成母親，為了與花代做區別而稱她為「弓子媽媽」。

瞳在上小學前並不排斥弓子，但日漸察覺其言行舉止異於常人，對弓子的警戒心也愈來愈強。最令她印象深刻的不愉快記憶，則是發生在有幾次被帶往弓子住處的時候。弓子會準備點心與飯菜給瞳吃，但她有嚴重的潔癖，別說掉飯粒了，就連掉了一根頭髮、碎線頭都會令她氣得滿臉通紅、不停咆哮，使勁敲打瞳的腦袋與後背。

其中最令瞳覺得莫名其妙的是，在公寓與弓子一起寫學校的作業時，她因為寫錯字而用橡皮擦擦掉重寫，弓子卻對她大吼「不准製造橡皮擦屑！」並動手打她。

瞳升上小學中年級後，亦得知弓子反覆做出自殺未遂的行為。她會打電話到家裡，喊著「我已經不行了，我要去死！」或是「我現在要開瓦斯自殺！」有時還會付諸行動。看到花代與源一郎每次都得前去收拾爛攤子，令瞳對弓子逐漸改觀。

——這個人跟普通人不太一樣。

約莫小學五年級時，即便弓子來到家裡，瞳也避不見面把自己關在其他房間，或者明明沒事卻藉故外出。因為直覺告訴她，親近弓子只會自討苦吃而已。

就在某一天，弓子回到老家並把瞳叫了出來，對她宣布：

「跟妳說喔，我，要再婚了。」

「是喔……。」

「妳知道大野春樹先生嘛。他就是我的再婚對象。」

岡垣家與大野家相識已久，家族成員皆有互動往來。從前花代所任職的清潔公司同事，正是春樹的母親。

春樹為大野家的養子，也是唯一的兒子。他從學生時代便開始打工送報，吃了很多苦，與年長五歲的弓子也很熟。自從弓子在溫泉鄉工作後，兩人便斷了聯繫，後來偶然間在加油站重逢，才又開始見面聯絡，不知不覺間發展成男女關係。弓子就在這樣的狀態下決定再婚。

她對瞳說：

「等我們結婚後，瞳妳也會跟我們一起生活吧。」

「呃？為什麼？」

「因為妳會變成春樹的孩子呀。一家人一起生活不是再自然不過的嗎？」

瞳在戶籍上是弓子的女兒。因此，假若弓子再婚的話，她就會成為大野家的孩子。

瞳內心無比抗拒，覺得「事到如今何必呢」。

「現在這樣就很好。我想跟媽媽（花代）留在這裡。」

「為什麼啊。妳都要成為大野家的女兒了，分開住不是很奇怪嗎。」

「不要，我就是哪都不想去。我要在這裡生活。」

瞳的意志很堅定。花代因為看不下去而召開家庭會議，討論今後該怎麼做。要讓瞳遷出弓子與春樹的戶籍，就必須將她遷入其他戶口。然而，若花代和源一郎為瞳辦理收養登記，她與弓子就會變成姊妹關係，而被瞳視為姊姊的郁子則已結婚另組家庭。

出席家庭會議討論的長女陽子提議：

「不然，遷來我的戶籍吧？」

陽子單身未嫁。她接續道：

「我看到弓子男人一個換過一個，然後鬧自殺，令我打消了結婚的念頭。今後，我既不打算嫁人，也不會想要孩子，所以瞳可以用養女的身分遷入我的戶籍。」

陽子從很久以前便宣告自己不婚，花代夫妻也尊重這項決定，所以聽到陽子這麼說，實在令他們感到歡喜。

「可以嗎？」瞳問道。

「當然啊，遷入我的戶籍，然後留在這個家生活不就好了。這樣一來，就可以過著跟現在一樣的生活，不會有任何改變。」

「嗯，那我知道了，就這麼做吧。」

瞳就這樣成為陽子的養女。

弓子最終也表示妥協，搬進春樹的老家展開新婚生活。春樹任職於大型汽車製造商，經濟穩定，弓子因而辭去女侍的工作在社區的超市打工。

婚後未滿一年，兩人生下女兒紗奈。這是大野家的第一個孫女，全家人欣喜若狂。他們大開筵席，並邀請花代和源一郎參與。

在這樣歡欣鼓舞的氣氛中，只有瞳冷眼看待這一切。當初弓子明明輕易地拋棄了她，為何現在會想負起責任養育妹妹呢。這實在令她難以接受。

在小學六年級尾聲，發生了一件對瞳來說天崩地裂的大事。有一天，花代毫無預警地昏倒，被送往醫院急救，方才得知其心臟出了問題，但為時已晚。花代就此一病不起，撒手人寰。

喪禮結束後，瞳悵然若失，一顆心宛如破了一個大洞般，無法思考任何事。對她而言，花代即為「母親」，一直是最了解她的人，也是她的心靈支柱。突然失去這個依靠，令她不知道該以什麼樣的立場在這個特殊的家庭環境中活下去。

升上中學後，瞳依然無法安頓好自己的內心。只有自己遭到弓子拋棄的孤獨感、讓沒有血緣關係的祖父撫養自己的愧疚感，想得愈多愈覺得自身是個麻煩的存在。

瞳變得經常逃學，為了排遣寂寞開始跟所謂的不良分子打交道。跟相同境遇的夥伴們在公園或超商混到三更半夜，藉此來忘卻自身的孤獨。

瞳回憶過往表示：

「那時的我覺得，無論身在何處都是孤伶伶一人。對我來說，無人能取代祖母。我認為不管是在家裡還是學校，都沒有大人願意正視我。也因為這樣，我才會跟那些有點走偏了路的孩子們在一起，來讓自己感到安心。」

弓子始終未曾設身處地思考過瞳內心的苦楚。在她眼裡，瞳就是個不願入她的戶籍，選擇成為姊姊養女的「叛徒」。

在中學一年級時的某一天，瞳親身體會到弓子所展現的冷酷態度。當時她因為搞壞身體而住進附近的醫院，弓子與春樹的女兒紗奈也剛好在同一時間住院。瞳見到妹妹，心生愛憐，會趁著治療的空檔前往病房探望。

病房內經常可見到前來探病的弓子身影。畢竟紗奈年僅一歲，必須有人幫忙照顧起居。瞳與弓子會隔著紗奈的病床交談個幾句。

這天，瞳在紗奈的病房與弓子打過照面後，便閒聊了一下。護理師進來後，一臉意外地問道：

「哦，妳們兩位認識呀？」

由於彼此不同姓，護理師似乎沒想到兩人是母女。弓子笑著回答護理師：

「是啊，她是**親戚**的孩子。」

這句話將瞳的心挖出了一個洞。為何不願意承認我是她的「女兒」呢，是因為她不願別人這麼想嗎。

自此之後，瞳不再對弓子抱有任何的期待。

另一方面，弓子與春樹在剛結婚時感情融洽，但隨著時光流逝，關係逐漸交惡。原因在於家庭暴力。

如同前文所述，弓子的情緒起伏很大，但春樹的脾氣也很暴躁，是那種會隨便動粗的類型。兩人會因為一點芝麻小事而意氣用事，動輒互相叫罵或拿東西出氣。春樹一發火就會失去控制，弓子卻不甘示弱地火上加油，轉瞬間便演變成全武行。有時弓子還會被痛毆到站不起來的地步。

以下這件事足以說明他們的家暴情況有多嚴重。有一天，么女郁子接到弓子被緊急送往醫院的通知。弓子渾身無力地躺在病床上，處於無法起身的狀態。

據春樹所述，他們夫妻因故爭執，弓子卻一再朝他撲過來，春樹出手壓制，但弓子仍舊激烈抵抗不肯罷休，春樹因而將她痛揍一頓摺倒在床上，並用繩索將她五花大綁。於此之際，由於繩索勒太緊，導致弓子因血液循環不良而失去意識。

按常理思考，爭吵固然令人失去理智，但以暴制暴後還用繩索將妻子綁在床上，使人動彈不得，種種行徑著實做得太過火。而且，若非長時間置之不理的話，不可能會導致當事人失去意識而住院。弓子想必遭受到了相當嚴重的暴力對待。

瞳也隱約察覺到春樹的暴戾之氣。

「我跟春樹先生見過幾次面，他給我的印象是，平常很溫和但生氣起來感覺很恐怖。而且他的酒品似乎很不好，喝醉就會做出家暴行為。那一位（瞳對弓子的稱呼）也會喝酒，有時喝醉了態度就會很惡劣，我想他們應該三天兩頭爆發衝突吧。我認為這不是哪一方有錯的問題，畢竟他們兩個都很亂來。」

這對心靈不成熟的夫妻檔不只互相傷害，也會危及到年幼的女兒。

郁子曾數度目睹紗奈被弓子與春樹毆打成傷的情況。他們在外頭碰面時，紗奈的額頭若不是有一大片瘀青，不然就是臉頰和下巴有裂傷。甚至還曾發生某隻眼皮腫成青紫色，連眼睛都睜不開的情形。聽到她詢問原由，弓子也只會敷衍地回答玩耍時跌倒撞傷，或是撞到牆壁之類的，但明眼人都看得出來這是暴力所造成的傷口。

郁子回憶當時內心的掙扎，

「我想這肯定是弓子夫妻虐待紗奈所造成的。這兩個人只要一發火就會失控，應該會對孩子拳打腳踢直到氣消為止。紗奈的傷勢觸目驚心到令人慘不忍睹的程度。

那時我已經結婚，但沒有孩子，我跟丈夫商量後決定領養紗奈。我便向弓子提議『不然把紗奈交給我們來養吧』，但被她拒絕了。

我做夢也沒想到日後竟然會發生殺人事件，但當時已感受到再這樣下去早晚會出大事。只不過，他們畢竟住在大野家，若真的出現危險狀況，我想春樹先生的父母親應該會出面阻止，或報警處理吧。」

儘管家暴情形從未停歇，但兩人還能勉強維持住夫妻關係，正是因為有父母親照看的緣故吧。春樹父母親居中介入，才讓他們停止暴力攻擊，帶孩子就醫。

然而，在他們結婚滿三年後的某一天，這樣的生活形態有了重大的改變。弓子一家人搬離春樹的老家，遷移至春樹任職的汽車公司員工住宅，與老家約有一小時車程的距離。

至於搬家的理由則眾說紛紜。唯一可以確定的是，在他們決定離開老家時，弓子的肚子裡已孕育著長子的小生命。

員工住宅的規模相當大，宛如集合住宅區般，也住著工廠的作業員。十幾棟六層樓高的建築一字排開，居民眾多，從單身人士到家眷成群等各種類型都有。弓子一家人則住進其中一棟的三樓。

弓子、春樹、紗奈以及剛出生沒多久的星矢，一家四口在員工住宅展開了新生活。對弓子而言，在這裡的生活並不如預期中的自由。紗奈已發展出自我意識，不肯乖乖聽話，星矢還是小嬰兒，半夜也得隨侍在側照顧。弓子以往總把孩子丟給父母親與公婆照顧，對她來說帶孩子應該是種苦行。

弓子因為家事育兒兩頭燒，心理健康也跟著出問題。她每每將無法遏止的煩悶情緒發洩在孩子們身上，做出暴力行為，並遷怒於晚上下班回家的春樹。春樹總是被她激怒而還手，家裡永遠充斥著怒吼聲、餐具破碎聲，以及孩子們的哭喊聲。

郁子回憶當年聽到這件事時的反應，

「我一直到很久以後，才得知弓子搬到員工住宅去了。她沒跟我吐露過任何消息，直到星矢出生後才收到聯絡。

當下聽到時只覺得，這下糟了！弓子不可能有辦法在無人協助的情況下養育孩子。動手打孩子、反覆鬧自殺、牽連他人……這想都是可想而知的結局。所以當我聽到她已經搬家好幾個月時，就覺得她肯定撐不下去。

但是搬都搬了，我們也實在幫不上任何忙。畢竟是在員工住宅生活，相信春樹先生的同事們應該會伸出援手吧。當時也只能這麼想，但事實上似乎不是這麼一回事。」

若為小規模的員工住宅，居民之間多少會有往來，或許也會彼此幫忙。然而，這個員工住宅區住了上百個家庭，每個家庭之間並沒有太深的交流。

在這種形同密室的家庭環境中所衍生的暴力行為，只會愈來愈嚴重而已。年幼的孩子們只能哭得聲嘶力竭來面對毫無來由的暴行。然而，這些哭喊聲傳不進任何人的耳裡，只會更加激怒弓子，令她的暴力行為變本加厲。在這樣混亂的狀態下，終究出了事。

那天是二〇〇〇年二月的某個星期五。弓子的精神狀態從好幾天前就相當不穩定，「想死」的情緒似乎也跟著膨脹發酵。育兒、家事、夫妻關係……無論哪一項都令她感到迷失方向不知所措，整個人因而被「乾脆自我了結性命來結束這一切」的念頭支配。

當天為國定假日，但春樹必須值班，因此早上就跟平常一樣在固定的時間出門。紗奈一個人孤單地坐在客廳裡，星矢則睡在別的房間。弓子一想到宛如地獄般又得繞著孩子轉的一天即將揭開序幕，便恐懼到直打哆嗦。

——乾脆一死百了吧。而且必須帶著孩子們上路。

弓子曾在日後提到，當時浮現在她腦中的同歸於盡念頭，一發不可收拾。她在房間內找出丈夫的領帶握在手裡，悄悄地來到正在廚房洗手的紗奈身後，接著突然從背後用領帶纏住女兒的脖子，使勁拉緊。紗奈無力抵抗直接倒在地板上。

弓子就這樣茫然地在紗奈遺體前呆坐了一、兩個鐘頭。或許是在猶豫，該不該斷送正在寢室睡覺的星矢性命。然而，她最終還是下定決心，手握領帶進入寢室，將星矢勒斃。一歲寶寶的呼吸就在一瞬間戛然而止。

殺害了兩個孩子之後，弓子應該相當恐慌。她扛著親骨肉的遺體，將他們放進停在停車場汽車的後座，接著駕車離開。她打算找一個隱密的地方尋死，卻對當地環境不熟悉，遲遲找不到適合自殺的地點。這樣的情況令她愈發感到混亂，就連這裡是哪裡、究竟想達成什麼目的，抑或自己到底打算做什麼都搞不清楚。

弓子開著車在市鎮內繞了三個小時左右，依舊找不到自殺的場所。說穿了，應該是欠缺自斷性命的強烈意志吧。

下午三點，她停下車，在錯亂的狀態下撥了通電話給正在上班的丈夫。她聲音顫抖地說道：

「我把孩子們殺了。我也想去死，但不知道該怎麼辦。」

「妳、妳在說什麼啊？」

「我說，我殺了紗奈跟星矢！現在遺體就放在車子上。我也想去死，但是做不到！該怎麼辦！」

春樹一時之間不敢相信自己聽到了什麼。

「妳先回家吧。我也會從公司下班，我們再好好談談發生了什麼事，就先這樣。」

弓子直到傍晚才返回員工住宅。春樹在弓子的帶領下，確認了躺在車內的兩具小孩遺體。他們已出現死後僵硬現象，頸部則留有明顯的領帶勒痕。

春樹抱頭苦思，但這件事實在太過衝擊，令他無法判斷該怎麼做才好。他決定先跟家人們商量對策，分別聯絡了自己的老家與弓子的親人說明原由，並拜託他們立刻趕來員工住宅。面對如此沉重的事實，若不找人一同分擔的話，自己恐怕會承受不了而被壓垮。

接獲聯絡的雙方家長急忙駕車趕來，大約經過一個小時後抵達。身為趕赴現場家人之一的郁子回憶道：

「當天正在舉辦當地的冬季祭典，社區居民們從早上就開始參與活動，我也是上午就出門了。下午順道回家一趟，剛好接到春樹先生打來的電話，他劈頭就說：

『弓子把孩子們都殺了。現在，我回到家跟她待在一起，但不知道該怎麼辦。可以請妳們立刻過來嗎？』

我嚇得說不出話來，馬上通知丈夫驅車奔往員工住宅。接到通知的陽子也在稍後趕到，大家一起確認情況。」

抵達員工住宅後，郁子一行人在春樹的帶領下前往座車查看。紗奈和星矢面容慘白地躺在後座上。一看就知道已經氣絕身亡。他們萬萬沒想到弓子居然會做出這種事……。

來到三樓的住處後，弓子低垂著頭哭個不停，郁子說道：

「二姊，妳為什麼會做出這種事！」

弓子只是哭得上氣不接下氣，不做任何回答。換其他人來問也是同樣的結果。

郁子一行人覺得很不耐煩，最可憐的明明是慘遭殺害的孩子們。

再這樣下去也於事無補。在場的所有人討論過後，決定由春樹代替弓子報警。畢竟總不能一直將孩子們的遺骸留在車裡。

春樹對員警表示：

「我太太似乎殺死了家裡的兩個孩子。但她光是哭，我不知道她行兇的原因。」

幾分鐘後，警察駕駛警車抵達，確認了車內的遺體後，依殺人罪嫌逮捕弓子。

事件發生當時，弓子的另一名女兒瞳有何反應呢。

彼時，瞳已從中學畢業，並在住家當地的理髮廳工作。前面已提到瞳在中學時期因複雜的家庭環境而逃學，鎮日與不良分子混在一起。在中學三年級的生涯輔導面談之際，級任導師建議瞳繼續升學讀高中，但她成績不好，出席率也未達標，再加上要請親屬幫忙出學費令她感到內疚，因而選擇就業這條路。

之所以選擇在理髮廳工作是因為，郁子阿姨建議她「中學畢業就要工作的話，必須有一技之長在身」並為她牽線安排。瞳白天在店裡幫忙處理雜務，晚上則在職訓專班上課，計畫考取理髮師證照。

然而，瞳對工作與學習不太感興趣，有時會跟中學時期的朋友鬼混，不去上課或徹夜狂歡。她本身也明白這樣的態度實在馬虎，卻未實際做出行動來改善。

這起命案就發生在她出社會工作的第一年尾聲。這天她跟郁子一樣，隨同理髮廳的前輩們參與當地的冬季祭典，直到太陽西下後才回到家，但家中空無一人寂靜無聲。過了一會兒後，突然接到郁子打來的電話，聽到她說：

「大事不好了！弓子闖禍了！」

「闖禍？」

「弓子殺了紗奈和星矢！」

瞳頓時啞然。這一年來她跟弓子的關係很疏遠，一個月前碰巧在親戚的喪禮上見到面，方才得知弓子遷居員工住宅，以及星矢出生的事。

郁子在電話那頭接續道：

「弓子現在人在員工住宅裡，但光是哭，什麼都不肯說。我們等一下會請春樹先生打一一〇報警。這起事件或許會被新聞節目或報紙報導，妳先乖乖待在家裡。」

瞳明白茲事體大，但這件事實在令她太過震驚而無法接受。接下來不知道會發生什麼事、自己的將來不知道會變成怎樣。

她的心亂如麻，接到這通聯絡後的記憶也消失無蹤。瞳只記得事件三天後在妹妹跟弟弟喪禮上的情景。設於殯儀館的靈堂內，擺放著紗奈跟星矢裝飾著白花的小棺材。站在遺照前弔唁的是弓子與春樹的親屬，以及春樹公司的同事們。唯獨不見遭逮捕的弓子身影。

聽著僧侶低聲誦經，瞳內心湧現出「為何自己未對妹妹跟弟弟伸出援手」的悔恨之情。她應該再清楚不過被弓子撫養會有什麼樣的下場。明知如此，她卻不願正視這件事，始終與弓子保持距離。她真的覺得自己很窩囊。

誦經結束後，瞳注視著躺在棺材內的紗奈與星矢遺體。司法解剖的傷口以及頸部的勒痕皆明顯可辨，令人感到不忍直視。就算經過葬儀社化妝也蓋不掉所有的傷痕，曾經惹人憐愛的笑臉如今已成追憶。

春樹悄悄地接近瞳，輕聲說道：

「對妳真的很抱歉，我想妳應該不想被認為是殺人犯的女兒，所以在喪禮上，我會隱瞞妳是弓子女兒的事。」

瞳聽到這番話只覺得作嘔。想必是春樹不想讓公司的人得知，自己有個沒血緣關係的女兒吧。失去兒女應該感到傷心欲絕、痛不欲生，他卻還有閒暇擔心這種事。

這些話都已經到嘴邊了，她卻硬生生吞了下去。再如何抱怨，也喚不回紗奈和星矢。瞳轉念一想，決定不再跟春樹聯絡並斷了往來。

事件發生八個月後才終於開庭審判。瞳既未作為證人出庭，也未出席旁聽。兩位阿姨亦然。她們不想聽到弓子對引發這起命案所羅織的藉口。

法官在公審中所做出的判決如下。

——**判處八年有期徒刑**。

瞳聽到阿姨知會這個結果時，只覺得對比奪走兩條小生命的罪責之重，這項判決也未免太輕了。

審判結束後，岡垣家與大野家的關係形容陌路。

命案發生後，春樹表示會等弓子出獄，並將兩個孩子的遺骨葬入大野家祖墳。然而，過了一陣子後，他似乎覺得自己無法再與弓子攜手走下去，於是將離婚協議書寄到監獄。後來他與其他女性再婚並有了孩子。

弓子的家人們也漸漸不再談論命案的事。由於這兩個孩子葬在大野家祖墳，他們也不好意思去祭拜，在逢年過節的家族聚會上亦不會提及弓子。大家一心只想讓事件成為過去，盡快讓生活回到正軌。

然而，唯獨時年十六歲的瞳，無法像身邊的大人那樣輕易割捨掉。妹妹跟弟弟慘遭殺害，身為姊姊的她沒能保護他們周全的罪惡感始終縈繞在心頭。

而且，身為弓子的親生女兒，她亦感受到附近居民看待她的眼光莫名變得不友善。原本跟她有說有笑的人們，不再跟她打招呼，部分朋友則突然失聯。不知消息是從哪裡傳出來的，她也耳聞過「別跟殺人犯女兒往來」的這種話。理髮廳老闆雖能諒解瞳的處境，但客人會怎麼想又另當別論了。瞳總是擔心萬一客人得知自己的出身背景會提出客訴，因而過度在意客人所說的話與視線，甚至敏感到因此而鬧胃痛。

她如此回顧當年的心境：

「事件過後，我心想無論是人際關係或是我的未來全都毀了。我無法相信任何人，也不知道該怎麼辦。必須永遠活在這樣的狀況下令我感到絕望。覺得為何只有我得遭受這種對待……。

在這個過程中，我發現自己對那一位根本一無所知。升上中學後，我們幾乎就沒再見過面，那一位究竟是什麼樣的人，是什麼原因逼得她非殺掉妹妹與弟弟不可，都沒有明確的答案。我逐漸轉而認為，要仔細了解事件始末，為我的煩惱理出頭緒，就必須跟那一位詳談。」

就這樣，瞳開始與入監服刑的弓子有所聯繫。她會寫信給弓子，一個月前往探監一、二次。

她希望弓子能對事件感到懺悔，好好反省自身的罪過。這樣說不定她還有辦法體諒弓子，也有臉面對死去的手足。

然而，無論是透過書信或接見，皆未看過弓子展現出這樣的態度。別說是反省之意了，她幾乎不曾對事件提起過半個字。從她嘴裡說出來的，永遠都是對獄中生活發牢騷的抱怨之詞，而且滿心期待能早日出獄。

在其服刑期間，兩人書信往返超過上百封，但弓子所寫的內容，不外乎以下這些事：

- 吃不慣與穿不慣監獄所提供的伙食和衣服。
- 無法前去掃墓祭祖，覺得很難過。
- 洗澡時間很短，很受限。
- 想快點出獄，來個溫泉之旅。
- 跟別座監獄的男受刑人通信很有趣。
- 期待女兒（※瞳）幫自己剪頭髮。
- 母女閒聊很開心，希望女兒能快點來探監。

弓子總是以工整的字跡在信紙上寫滿諸如此類的內容。

瞳每次展信閱讀都忍不住覺得，這人為何會這樣。會被關進監獄，正是因為犯了不可原諒的過錯。明知如此，為何弓子就是不肯正視自身的罪行呢。

對此瞳表示：

「我實在無法理解那一位為何絕口不提命案的事。總是展現出已經忘了這件事的態度，開口閉口都是『好想快點出獄』、『我們努力重修舊好喔』之類的話。甚至還跟我說過『不輸給雨、不輸給風』這種狀況外的自我勉勵金句。

我真的被她搞糊塗了，只能不斷寫信、去探監與她保持接觸。但那一位依然不願回答任何事。即便我忍不下去，直接詢問原由，她還是選擇忽略，不然就是裝傻。偶爾她會發怒說出『吼，不要在這種地方跟我講那件事好不好！』無論是接見或通信，長期以來全都是這種毫無意義的交流。」

正因為弓子擺出一副不願意正視事件的樣子，瞳才更想從中拚命地去找出什麼。

在這之後，弓子依然不曾主動提及自身的過錯。瞳面對母親這樣的態度，甚至覺得或許弓子並非刻意避開這個話題，而是真的已經忘了這件事也說不定。

令她如是想的原因之一為，二〇〇四年在弓子服刑期間，發生於栃木縣的幼兒殺害事件。這起命案的背景為，一名父親因照顧不來兩名兒子（時年三歲與四歲），搬去與朋友同住，該名男性友人因疲於應付這兩個孩子，再三凌虐，最後殘忍地將他們丟下橋殺害。

弓子從監獄寄給瞳的信件中，提到了這起事件。她應該是從電視新聞節目或報紙得知此事的吧。她在信中感嘆這起憾事，並寫下自己覺得很心痛，只能祈求孩子們安息等字句。而且，她甚至還表明自己對凶手的憤怒，痛批這名男子居然會對正值可愛年紀又毫無抵抗能力的幼兒痛下殺手。

瞳讀完信忍不住嘆氣，不明白弓子究竟出於何意。

弓子本身就是殺害毫無抵抗能力的幼兒，對親朋好友帶來莫大困擾的罪魁禍首。對犯行避而不談，她也不想想自己，為何還有臉批評這起命案的凶手，感嘆無辜犧牲的孩子有多可憐呢。任憑瞳再三重讀思索，仍舊無法理解弓子在想什麼。

事件經過兩年後，芳齡十八的瞳，結識了一名男子。此人即為她日後的丈夫，大助。

在這個時期，光靠理髮廳的收入不足以供瞳生活，她便在朋友的介紹下，晚上在小酒館打工。時年二十九歲的大助，正是這家店的客人。他是媽媽桑兒子的朋友，因此經常上門捧場。

瞳與大助初相識便一拍即合。大助個性開朗，幽默風趣，再加上年長她十一歲，顯得成熟可靠。在媽媽桑兒子的邀約下，一群人曾聚在一起烤肉，當時大助也有參加，因而在私底下與瞳培養出交情。

後來兩人會一對一地單獨見面，接著開始交往。在起初的幾個月，瞳不曾提過命案的事，但隨著她對大助的好感愈來愈深，隱瞞此事令她感到過意不去。考慮到兩人的將來，有必要趁早把話說清楚。若因此被甩，只能當作彼此緣分不夠。

某天，瞳把大助找了出來，將此事和盤托出。

「我必須跟你說一件事。我想你應該會很驚訝，先跟你說聲對不起。其實，我媽，目前正在監獄服刑。在我小學五年級時，她再婚生了妹妹跟弟弟，但卻把他們都殺了……。

所以她必須坐八年的牢。若你聽完後覺得討厭我，那也沒辦法了，不過希望你能明白，我很認真看待這段感情，才會決定跟你坦白……。」

大助沉默了好半晌後才回答：

「我並不介意喔。畢竟又不是妳犯罪，所以不是妳的錯啊。我想我的父母應該也是這麼想的。」

瞳聞言感動到快要落淚。覺得這世上總算有人不會戴上有色眼鏡，願意真誠地看待自己的出身。

在這之後，每當瞳要去探監時，大助就會開車相送。因為去一趟監獄必須搭公車，轉電車、計程車，單程的交通時間超過兩小時，而且交通費也不容小覷，因此大助便主動提議幫忙接送。

將寶貴的約會時光浪費在這種事上，令瞳對大助感到抱歉。然而，弓子根本不曾考慮過瞳的感受，接見時總是絮絮叨叨地抱怨監獄的生活、說著出獄後的計畫。

更厚臉皮的是，弓子開始會要求瞳購買生活用品或寄存現金給她。比方想配新眼鏡、想買面霜、想穿必須付費購買的衣服，而不是監獄發放的衣物、想吃甜的餅乾零食……等等。她應該是看瞳親切待她才會這樣有恃無恐吧。

起初，因為弓子再三強調自己迫切需要這些物品，瞳才勉強答應。畢竟她也無從得知監獄有免費發放什麼東西、品質究竟如何。

然而，弓子卻食髓知味漸漸囂張起來，每回通信或接見時就會要求瞳帶東西來。有時還會事先擬妥購物清單，一副理所當然地吩咐瞳採買。一點都不在意她能否負擔。

就連瞳也開始懷疑，但為時已晚。在弓子心中已經認為這都是女兒該做的。

瞳回顧當時的情況：

「每個月都因為那一位花了很多錢。那時我在理髮廳和小酒館的收入加起來，實際只有十萬日圓左右。我每個月固定會去三十多公里外的監獄探望她一、兩次，除了購買日用品外，還會被她要求寄存五千到一萬幾千日圓不等的現金。

我也因為這樣，每個月的收入都不夠用。如今回想起來，我之所以會持續掏錢，或許是害怕那一位會拒絕跟我通信或見面。我不是害怕被她討厭，而是尚未聽到她對事件的說明與反省之詞，所以才不想跟她斷了關係。就是因為有這種想法，才會拖拖拉拉地一再應允她的要求。」

對瞳而言，這起事件實在過於重大，令她無法將其切割，置於自己的人生之外。

戀人大助則是從來不會否定瞳的想法，默默地支持著她。雖然覺得弓子的行逕異於常人，但有些事相信只有瞳自己才懂，身為外人的他並不應該介入。對瞳來說，如此善體人意的大助，是她唯一的心靈支柱。

兩人交往一年後，瞳便在十九歲時嫁給大助。她從小就嚮往擁有自己的家庭，一點都不覺得這個婚結得太早。只有弓子一個人表示反對，嚷著「現在還太早」、「應該再多享受自由的時光」。這番言論並非出自對女兒的著想，研判她應該是擔心瞳的生活重心會轉向家庭，接著與她漸行漸遠吧。

隔年，小倆口誕下長子晉助。當初反對兩人結婚的弓子聽到這個消息後，突然以「祖母」之姿，展現出自己很疼孫的態度。她央求瞳帶著孫子來探監，在接見室則隔著壓克力窗笑得一臉慈祥。她隨身攜帶瞳寄來的孫子照片，日日端詳，每回都會在信上寫下對孫子的關愛。

瞳對弓子的這些舉措感到困惑，也很排斥聽到弓子說孫子惹人疼愛之類的話。拋棄了自己，並殺害弟弟妹妹的她，真的會有愛孫之心嗎。

瞳這麼說：

「我去監獄探望了她好幾年，也長期與她通信，但完全看不出她內心是怎麼想的。那一位為什麼有臉要求我金援、為什麼有臉說出孫子很可愛、為什麼有辦法滿心期待出獄。那一位所說的話，總是令我愈聽愈感到糊塗。結果，從她入監服刑到出獄，一直都是這樣的狀態，完全不見悔改的樣子。」

接下來，弓子終於盼到了出獄的時刻。雖被判處八年徒刑，但因為獲得假釋，得以提前一段時間出獄。對瞳而言，她與弓子的關係也即將展開新篇章。

離開監獄的弓子未返回老家，而是住進更生保護機構。更生保護機構是指，為出獄後無家可歸的更生人提供暫時住宿，並協助復歸社會的收容處所。弓子決定在此重新出發。

弓子在出獄後依舊與瞳保持聯絡。有時會傳簡訊閒話家常，有時則打電話發牢騷抱怨心中的不滿。瞳總是一邊看顧年幼的兒子一邊搭腔。

過了一陣子後，瞳收到弓子的聯絡，得知她即將離開更生保護機構，搬到縣內其他市的某座公寓。弓子表示自己找到新工作，要開始獨立生活。還說很想念孫子晉助。瞳期待弓子能痛改前非，彼此約好在外面見個面。

弓子情緒異常高昂地來到約定的地點。手裡則抱著一個很大的禮物。她一見到晉助便緊抱著不放，連連高呼「好可愛」，甚至連晉助都感到困惑。

弓子說要請客，邀瞳吃飯，帶著母子二人前往一家昂貴的燒烤餐廳。這對勤儉度日的瞳而言，是從來不曾踏足過的地方。弓子為還不識這些好滋味的晉助點了一堆高價肉品，自己則大剌剌地喝起酒來。瞳著實無法正面看待母親的這種行為，但心想她應該是想討孫子歡心，也就沒再多說什麼。

第二次、第三次見面，弓子依然帶著禮物前來赴約，並請瞳和晉助吃飯。瞳看到弓子出手如此闊綽，漸漸起了疑心。雖說弓子只需養活自己，但在經濟上真的能如此游刃有餘嗎？再說，如果當真收入豐厚，應該可以多少償還一些以前她往監獄寄存的費用吧。

瞳按捺著情緒問道：

「弓子媽媽，謝謝妳總是請客。是說，妳出手很大方耶，現在在做什麼工作啊？」

「我在做傳播（傳播小姐）呀。」

據悉弓子回答得理直氣壯，臉不紅氣不喘。

「呃，妳在特種行業上班？」

「我沒有下海，是當車伕啦。負責開車把小姐從店內送到飯店或客人家裡。」

再問下去才得知，弓子與傳播公司的店長正在談戀愛，而且還同居。買禮物以及請吃飯的錢就是這樣來的。

瞳瞠目結舌說不出話來。才剛出獄就在特種行業工作，並與店長同居，這也未免太離譜了吧……。

在這之後，弓子會隨興地跟瞳聯絡，表示自己想看晉助。瞳雖然不太願意，但晉助因為弓子每次都會帶來很多的禮物，而將她視為「親切的奶奶」樂於與她親近，導致瞳無法斷然拒絕。

他們三人去了很多地方，特別令瞳感到在意的是，弓子的服裝與打扮一次比一次還要浮誇。身上穿的是十幾歲少女之間流行的款式，完全不符合她的年紀，脖子與手上則令人不敢恭維地戴滿了飾品。包包與錢包是高檔精品，妝容如風塵女子般濃豔，還做微整形割了雙眼皮，戴著假睫毛。

瞳回憶道：

「那一位已年過四十，那樣的穿著打扮看起來真的很怪，而且一次比一次還要誇張。

我想她可能是模仿傳播小姐的穿搭，或是想吸引同居男友的注意。或許也是因為在監獄待太久所造成的反彈。

在我這個旁觀者看來，那一位很積極地享受第二人生。打扮得光鮮亮麗、談戀愛、吃美食、寵孫，這些都是她計畫實現的願望。

我對她的這種態度感到迷惘，不知該如何拿捏與她之間的距離。再怎麼說，她做出了那麼過分的事，卻只想逍遙自在地過活，身而為人怎麼可以這樣。我也不曉得該怎麼形容，總之，那一位的心態令我感到不可置信。」

弓子在私生活上沉迷於愛情，又像過往般引起騷動。每當她與情人失和時，就會半發狂地聯絡瞳或妹妹郁子，

「男友沒回來！肯定是外遇了！我饒不了他，我要殺了他，然後自己也去死！」

弓子這副張牙舞爪的模樣，與入獄服刑前如出一轍。

瞳對這一切感到絕望。即便坐了這麼久的牢，弓子依舊毫無改變。思及此，瞳便覺得儘管弓子已服完刑、償完罪，但在她眼裡看來，弓子的手依然沾染著鮮血，光是看到她吃飯的模樣都不由得毛骨悚然。

之後她終於下定決心，要好好跟弓子談談當年的命案。再繼續不情不願拖拖拉拉地跟弓子往來，無法對丈夫和兒子做出交代。

瞳當著弓子的面詢問：

「妳一直以來都跟我打馬虎，但這件事希望妳能確實回答我。為什麼妳會引起那樣的事件？是什麼原因造成的？妳有對紗奈和星矢感到抱歉嗎？傷害了我們全家人，妳有何感想？我希望妳能全都徹底說清楚。」

弓子聞言後表情顯得僵硬。據悉她是這麼回答的：

「這些都不重要吧。」

「就是因為重要我才問的。」

「不知道啦。」

想必是又打算含糊帶過吧。但瞳可不能就此讓步。

「妳別敷衍我，好好回答。弓子媽媽，妳有確實反省自己的過錯了嗎？」

弓子頑固地拒絕面對命案一事，不客氣地說道：

「別再問了！那件事在我心中已經過去了。」

「已經過去了是什麼意思？」

「我因為那件事進了監獄，受盡折磨耶。我已經贖完罪了，所以不要現在再來跟我翻舊帳！」

「因為我從以前到現在都沒聽過妳的任何解釋啊。」

「我已確實入監服刑！在裡面贖完罪了！一切就此結束！」

弓子說得理直氣壯，接著轉身離開。瞳見狀，覺得自己內心的某種情感也隨之斷裂。

她如此形容對弓子感到死心的心境：

「聽完這些話，我覺得那一位已經沒救了。整個人根本就是壞掉了吧。完全無法理解自己所做的事有多惡劣。

但至少我希望她能對我丈夫表示歉意。我丈夫在得知她的犯行後，還是願意跟我結婚。無論是去探監或金援，他從無怨言。那一位得以在監獄治療蛀牙、吃餅乾、想寫信的時候能跟我聯絡，全都是我丈夫的功勞。但她卻佯裝不知情。

小時候，我完全不了解那一位，待在她身旁只覺得恐怖。我想，這種直覺是正確的。她不但犯下了那樣的案件，也是個沒辦法正經過日子的人。事實都已擺在眼前，我卻還是期盼她不是我所想的那樣。不得不承認，這個想法本身就是個錯誤。」

郁子也與瞳抱持著同樣的看法。二十歲便嫁作人婦的她，因為弓子的事件與結縭十年的丈夫離婚。而且，長期以來都以妹妹的立場，扮演老家、親戚與大野家之間的橋梁。然而，弓子卻持續做出踐踏她這番苦心的行為。

郁子回憶道：

「弓子從未針對事件道過一次歉是不爭的事實。最令我印象深刻的是，她剛出獄的那時候。命案發生後，爸爸不僅上大野家謝罪，還到處奔走跟相關人士賠罪。他跟弓子明明沒有血緣關係，就只因為弓子是他戶籍上的女兒，做父親的只好不斷低頭道歉。

弓子出獄後，我跟她談到這件事，並告訴她，關於這起命案，最起碼也得跟爸爸道歉。沒想到，弓子居然語氣激動地嚷著：

『我都去坐牢了，一切（贖罪）已經結束了！沒必要跟父親道什麼歉！』

我相當震驚。為何她可以這樣恬不知恥地說出這種話來。無論我跟她講過多少次，她的態度依舊沒有改變。到頭來，她連一句對不起都沒說過。

不是只有這樣而已。有一次我跟弓子聊天，不知怎地就這樣聊到大野家，我說『直到現在，偶爾還是會碰巧在超市遇見大野家的父母親，（因為事件的緣故）實在無臉面對他們。』但弓子卻露出不解的神情表示『我可以正常面對他們耶。畢竟刑期都結束了。』雖然明白她的為人，但這讓我重新體會到她真的有問題。該說是異類嗎……。反正經過這些事後，我確信自己沒辦法跟她相處。」

姊妹之間再度出現無法跨越的鴻溝。

弓子在這之後依舊會裝得若無其事地跟瞳聯絡，而瞳總是找理由避不見面。但要等到事件發生經過十四年的二〇一四年，瞳才徹底與弓子斷絕往來。

這一年，住在老家的繼父源一郎因心肌梗塞而昏倒，雖立刻被送往醫院急救，但情況很不樂觀，因而決定接受冠狀動脈繞道手術。

醫師說了：

「病況很危急。就算手術順利，也不保證能活下來，我想還是連絡一下親朋好友等相關人士會比較保險。」

瞳和郁子聽完醫生的說明，深感源一郎已命在旦夕，於是大家分工合作，一一知會關係親近的親人。在這時候他們遇到一個問題——該不該通知弓子。自從弓子出獄以來，由於她拒絕向源一郎道歉，彼此變得更加疏遠，但若錯過這次的機會，恐怕將從此天人永隔。大家決定網開一面，聯絡弓子前來。

郁子撥出電話後，弓子立刻接了起來。

「我現在人在醫院。父親因為心臟病昏倒，情況很危急。妳立刻趕來看他吧。」

據悉弓子好整以暇地回答：

「繼父可沒『叫我去』看他耶。」

「不是跟妳說父親病倒了嗎，怎有辦法打電話啊。」

「如果繼父本人開口『請我去』看他的話，那我倒是可以跑一趟。如果不是這樣的話，那我是不會去的。」

「妳在說什麼啊？就跟妳說他根本沒辦法打電話，現在處於生死未卜的狀態。」

「這又不關我的事。反正除非繼父直接拜託我，不然我不會去啦。」

語畢，火速掛掉電話。在這不久後，源一郎便與世長辭。

家屬們在數日後為源一郎舉辦喪禮。此時，家人之間對於是否該叫弓子前來奔喪而拿不定主意。其中一方的意見為，在醫院已學過一次乖，而且考慮到其他弔客的觀感，不應該叫弓子前來，但最後大家還是決定通知弓子。

喪禮當天，家屬們為弓子留了一個位置，但等了老半天就是不見她到場。打電話給她也不接。從小到大給繼父添了這麼多麻煩，她卻連在靈前合掌致哀都不願意。

喪禮結束時，郁子低喃：

「我受夠了。那個人永遠只想到自己。根本拿她沒轍。」

瞳也是一樣的心情。就連丈夫大助與丈夫的親屬都出席喪禮弔唁了，身為女兒的弓子竟然連缺席都不肯知會一聲。

最令人無法置信的事則發生在幾天後。未出席喪禮的弓子捎來聯絡，要求分配遺產。她主張把老家賣掉，由三姊妹平分這筆錢。光憑她一個人，腦筋應該沒辦法動得這麼快。想必是情人還是什麼人在背後指使吧。

在這當下瞳決心與弓子一刀兩斷，不再往來。從以往至今，無論如何被弓子傷透心，瞳還是把她當成唯一的血親。然而，弓子不但缺席源一郎的喪禮，竟然還大模大樣地要求分遺產，面對這種人根本不必有任何指望和期待。

喪禮結束不久後，瞳對大助說：

「我以後不會再跟那一位聯絡了。」

「妳確定要這麼做？」

「不想再被她牽著鼻子走，而且晉助正在成長，為了孩子好，我覺得有這個必要。」

「好。既然妳已經想通了，那就這麼做吧。」

瞳心中沒有半點眷戀。她終於下定決心與弓子切割，獨自背負過去的枷鎖活下去。

在這之後，瞳徹底斬斷與弓子的母女緣分，未曾再見過一面。弓子也終於察覺到女兒的決心，漸漸與她斷了聯繫。源一郎的離世，最終令弓子被家人排除在外。

話雖如此，對瞳而言，事件並非已經成為過去式。當地居民中依然有人記得這件事，一個不小心，誰也不敢保證兒子晉助不會被貼上「殺人犯一家」的標籤。

瞳之所以感到不安，正是起因於自身的經驗。儘管事件發生已超過十年，但她還是飽受偏見所苦。她在晉助上小學後，開始在長照機構工作。某天，職場接到一通匿名電話，說了以下這段話：

「你們那裡有一位名叫瞳的女員工對吧。她可是殺人犯的女兒喔。她母親一口氣殺掉自己的兩個孩子耶。不要讓這種人的女兒在機構工作。誰知道她會捅出什麼婁子來。」

恐怕是機構入住者的親屬注意到瞳，才如此刻意刁難吧。

該機構所長表示「犯案的人又不是妳，別在意」，但瞳覺得這件事再次提醒了她，自己終究是殺人犯的女兒。即便與弓子斷絕關係，打算讓這一切落幕，但世人可不這麼想。她一輩子都必須活在這起事件的陰影下，至死方休。

瞳回憶這一路走來的心路歷程表示：

「事件發生過後的這十五年來，我主動去見那一位，也寫信跟她聯絡。在這段時間裡，遇過許多很煩人的情況，像是被她討錢，把我牽連進她跟男友的糾紛裡。我一直覺得自己被她耍得團團轉，也因為她而很受傷。

我想大家應該會覺得，為什麼我不早點跟她斷絕關係呢。明明從事件發生當時，我就已經看清那一位的為人，有千百個理由可以讓我決定跟她保持距離。不過，這些年來我想了很多，逐漸釐清為何我遲遲無法跟那一位做切割的原因。

那一位對事件的發生沒有一丁點的責任感。忘記勒死子女的事情，對家人只丟下一句『已經沒關係了』。被殺掉的小孩真的太可憐了。

我打從心裡無法接受那一位的偏差觀念。我自己本身深受事件所苦，覺得她不應該一副置身事外的態度。所以我才拚了命想找出那一位的懺悔之心。

可是，不停找了十五年，終究是白忙一場。祖父源一郎過世時發生的那些事，就是最明確的答案。我不再對她存有一絲期待。就這樣，我終於下定決心斬斷跟她的關係。」

站在瞳的立場來看，慘遭殺害的妹妹與弟弟實在死得太冤枉。為了讓他們能瞑目，她一直期盼弓子能改過自新。瞳身為長姊，在這十五年來不斷要求弓子做到這點，但終究明白這是不可能實現的事。

如今的瞳又如何看待當年的事件呢。

「跟那一位斷絕往來後，我的心情變得比較輕鬆，反而能好好面對那起事件。畢竟那一位不可能思念妹妹與弟弟。所以我轉念一想，那就由我每天來想念他們。自事件以來令我避之唯恐不及的員工住宅殺害現場，現在的我覺得自己也有辦法前往憑弔。讓這兩個孩子活在我的記憶裡，就是最好的追思。

而且，以前每當我遇到教養瓶頸時，就會煩惱這可能跟我身上流著那一位的血有關，現在我已經不會這麼想了。我和那一位是完全不同的個體，跟血緣一點都沒有關係。我告訴自己，儘管把她當成負面教材來自我警惕就好，絕對不能像她那樣。

我沒跟兒子晉助說過命案的事，今後也不打算告知。這畢竟跟那孩子無關，不希望害他因此背負著莫名的重擔。只盼他能活在跟事件完全無關的環境下。當然，因為小時候見過面的記憶，或許會令晉助想起這號人物也說不定。不過，不讓他跟那一位有任何接觸機會，我認為是我這個做母親應盡的責任。」

至於弓子後續如何，則因為家人在喪禮之後無人再跟她聯絡過，所以完全不得而知。

該事件發生至今已經過了二十年，在兒子晉助已從中學畢業的現在，已不再有人提起這樁命案，相信應該也很少人會回想起來吧。儘管如此，據悉瞳幾乎沒有一天不思考這件事。這是身為親屬間殺人事件的被害者家屬，同時亦是加害者家屬的宿命。正因如此，瞳才認為，不讓孩子承受同樣的煎熬是自身的職責所在，今後也會肩負這項使命，過著自己的人生。

解說

寫完這七則事件後，筆者想在此來闡述本書的撰文經過與背景。在日本所發生的殺人事件（統計件數），一年約莫有九百件。單純計算的話，一天會發生二至三件的凶殺案。會引起媒體一窩蜂報導的，不外乎隨機殺人、少年犯罪、劇場型犯罪這種偏激的殺人案。一年發生幾起震驚社會的大事件，並引發大眾熱切討論修改法規或條例，這樣的情況亦時有所見。

比方說，發生於一九九七的「神戶連續兒童殺傷事件」，帶動修法，促使日本刑事責任年齡從十六歲以下修至十四歲以上。最近則是二〇一八年所發生的「目黑區船戶結愛虐待致死事件」，成為東京都在兒童虐待防止條例中，加入禁止監護人體罰條文的契機。將這些不定期發生的殺人事件形容為檢討社會秩序現狀的指南針，一點都不言過其實。

我想大部分的讀者聽到殺人事件一詞，首先浮現在腦海的無非就是這類慘無人道的命案吧。以下列舉幾則案件，相信應該也有不少日本人還記得。

歹徒駕駛兩噸貨車闖入行人徒步區衝撞路人後，接著持刀朝在場的人群一陣亂砍，造成七人死亡，十人受到輕重傷的「秋葉原殺人魔事件」。

名為木嶋佳苗的三十多歲女性，專挑四十到八十幾歲的男性下手，以結婚名義騙取錢財，再加以殺害的「首都圈連續不明原因死亡事件」。

住在川崎市的三名十七～十八歲少年，將一名中學一年級男生帶到多摩川河堤，以美工刀狠刺，將其殺害的「川崎中一男學生殺害事件」。

凶手入侵神奈川縣相模原市，一家名叫津久井山百合園的身障者安養機構，聲稱「身障者沒有生存價值」而砍殺了十九名入住者的「相模原身障者安養機構殺傷事件」。

歹徒透過社群網站等方式物色有意自殺的女性，宣稱自己會「從旁協助自殺」，並將當事人誘騙至神奈川縣座間市的公寓，接連殺害了九名男女的「座間九屍命案」……。

無論哪起事件皆在消息曝光後，被媒體不分日夜地大篇幅報導，反覆提及凶嫌的異常心理與事件的殘虐性。內容愈是血腥殘酷，愈能引起大眾關心，成為熱議話題，節目收視率或雜誌銷售量也會跟著三級跳。筆者本身也曾取材過這類轟動一時的案件，並以報導文學的形式面世。

另一方面，我經常覺得，各大媒體爭相報導的那些知名事件，並不一定能完整呈現日本國內凶殺案的特徵。因為超過一半的殺人事件是發生在親屬之間，而且大部分都不會被詳細報導。有鑑於此，其實反而應該聚焦在這類事件上，來思考慘案背後的原因。

之所以進行取材撰寫本書，正是出自這樣的想法。我將親屬間所引發的殺人事件取名為「近親殺人」，接著鎖定方向，從二〇一五年起花了六年的時間，以發生於日本首都圈的事件為主，徹底追查真相。這些取材成果則以報導文學的形式，於月刊《EX大眾》（二〇一六年五月號～二〇二〇年七月號）進行連載。

至於取材方式則是以親自去法院的公開審判旁聽為主軸。事件相關人員的證詞，則基於被告與證人問話的發言所彙整而成。關於社群網站與簡訊紀錄、相驗內容、各種時序類資訊，則是經由法院的證據調查手續所提出之物。此外，透過審判所釐清的事實關係中，若有不足的地方或必須加以驗證的部分，則由筆者訪問相關人士，進行獨家採訪。

唯獨本書最後單元「7　加害者家屬」，大約已是二十年前的事件，因此筆者並非透過公審時的旁聽，而是以家屬和相關人士的訪談為主軸，忠實探究案情。

筆者從取材的案件中，選出十二件來著墨，進行連載。接著再從這十二起事件中鎖定七件彙整成本書的內容。評選標準則為事件與社會情勢是否有深度連結。加害者的行凶動機主要起因於疾病，或是背景原因重複的事件則剔除在外。

接下來將針對這幾則事件背後的問題點，一一闡述個人意見。

1　棄養悲歌

根據二〇一九年三月底的統計，日本國內被認定為有長照、生活支援需求的人數高達六百五十八萬人，而且絕大多數為高齡者（須受支援者日後即有可能成為須受長照者）。

日本的少子高齡化速度遙遙領先全球，一般公認今後被認定為有長照、生活支援需求人數將持續增加。據估在二〇三〇年，七十五歲以上的後期高齡者人口將占日本總人口的兩成，亦即每三個青壯年人口就必須扶養一位後期高齡者。

當高齡者處於需要長照或需要支援的狀態時，主要會由家人負責照顧。有些家庭會善用福利服務或照護服務，有些家庭則是由配偶、子女或孫輩分工合作。當事人能否受到妥善的照護，與家人的處理能力有很大的關係。

在本篇故事中，母女三人在同一個屋簷下生活，兩名女兒都還單身，在時間上相對有餘裕。母親也不斷開口要求女兒們伸出援手。光看這一點，整體照護環境或許並不算差。

但這樣家庭卻引發了事件，背後因素則與母親和長女長達十年以上的心結有很深的淵源。長女因為憎恨母親，全然不肯幫忙，所有的照護工作都由小女兒扛下。這等同於一對一的照護，對小女兒造成莫大的負擔。

在小女兒覺得獨力照顧不來母親的當下，若能向第三人尋求協助時，或許就能避免憾事發生。然而，小女兒不但沒這麼做，還跟姊姊一起說母親的壞話來洩憤，接著開始對母親惡言相向，到最後乾脆不管照護的事。

原本應該是相當普通的家庭，卻因為親子關係的惡化而引發了如此悲慘的事件。欲釐清箇中原因，不應該只探討照護壓力的問題，還必須聚焦於這家人所走過的路。當家人間的心結與照護問題交相作用時，極有可能陷入連當事人們都無從想像的事態裡。明明兩個女兒對母親並沒有恨到要奪其性命的程度，卻導致了這樣的事情發生，正可謂是人性的可怕之處。

2 手刃繭居子

據悉日本的繭居族人數超過百萬人。根據日本內閣府的調查，其中青壯年齡層（十五～三十九歲）為五十四萬一千人，中高年齡層（四十～六十四歲）為六十一萬三千人。過半數為中高年人。

有各式各樣的原因導致當事人閉門不出。例如發展障礙、遭到霸凌或歧視、求職或工作失敗、精神疾患……等等。足不出戶的生活有時會導致當事人的身心問題如滾雪球般愈滾愈大。

除非父母親在經濟上、時間上頗有餘裕，而且具備十足的耐心，否則根本無法負擔子女的繭居生活。然而，具備上述條件的父母也會隨著年齡增長，在某一天達到極限。退休後若沒有收入來源與體力，實在無法扶持子女的生活。到最後走投無路所引發的悲劇之一，就是如同本篇所講述的事件。

這起事件最令人感到痛心的是，身為加害者的父親深愛著被自己殺害的長子，在長達二十五年的歲月裡，總是將兒子擺第一，全心全力地予以扶助。即便是大部分的父母都會乾脆放棄不管的情況，他依舊咬牙苦撐，義無反顧地犧牲奉獻。

然而，就結果來看，這種犧牲奉獻的精神可說是反而成為了事件的導火線。這位父親背負著所有的責任，為了拯救妻子與女兒一家人，因而做出錯誤判斷。在他被逼到絕境之際，滿腦子只有「除了殺害兒子之外別無他法」的想法。

關於這起悲劇，實在無法輕率地說出該如何處理才是正確的這種話。若沒有父親的援助，長子或許早就流落街頭，對他人造成麻煩；母親也可能因為忍受不了兒子的家暴行為，自斷性命也說不定。只能說父親粉身碎骨的努力卻換來了令人唏噓的結果。

若論這起事件中唯一的光芒，當屬其他家人的真情關懷吧。在公開審判時，無論是母親或長女，都因為父親一心只想保護她們而對他的犯行感到同情，並表示會引頸期盼他出獄，早日一家團圓。不知重逢後的這一家人們，會如何度過剩餘的時光呢。

3 窮極輕生

貧富差距也是現代日本的一大社會問題。一般都說新冠疫情導致社會階級差異比以往更加擴大。

據悉在二〇二〇年底，因新冠疫情而失業的人數上看八萬人。而且，這個統計數字還不包括打工與兼職人員。考量到受新冠疫情重創的餐飲業與製造業等業種，大多採用非正職雇用的型態，試算下來的實際失業人數高達九十萬人。

受此影響，二〇二〇年自殺人數的增加，是自雷曼兄弟事件的十一年來首度成長，並一舉超過兩萬人。歷年來，自殺的首要原因為「健康」因素，其次則是「經濟、生活」有困難，但疫情下的不景氣，導致民眾為錢所苦的情況更加顯著。

本篇故事的男性加害者，在雷曼兄弟破產引發全球金融海嘯的大環境下債台高築，並將母親拖下水，決心一同赴死。然而，回溯其人生經歷可從中發現，這起事件的背後原因，不僅僅是因不景氣、遭遇經濟困頓所導致的。

我想，許多讀者應該會有這樣的疑問：

「為何這名男性在生活無以為繼之時，不採取將母親送往福利機構的方式，而是選擇同歸於盡呢？」

其母親領有身心障礙證明，照理說應該能接受行政單位的協助，滿足最基本的老後生活需求才對。

致使男性做出錯誤判斷的背後因素，與其年幼時所遭受到的忽略與暴力不無關係。男性因為這樣，個性變得極端內向，將母親視為心靈歸宿。因此，即便生活因為債務而捉襟見肘，他亦無法離開母親身邊，繼而選擇走上同歸於盡這條路。

這項決定最終導致只有母親死亡，男性卻活了下來的結果，相信本人應該也是始料未及吧。就筆者在審判結束後與男性通信的內容來推敲，他似乎不曉得該怎麼獨自活下去，不知道如何找出今後人生該前往的道路，並且感到挫敗。對他而言，真正的考驗應該在於如何獨自一人在母親已逝的世界裡，邁開步伐走下去吧。

4 精神病患與家屬

罹患憂鬱症等精神疾患的患者年年增加，據估日本目前已超過四百二十萬人。二〇一一年約為三百二十萬人，在短短十年間便增加了一百萬名患者。

當人的心理健康出問題時，就會喪失邏輯判斷能力。其中有些人會因為無法控制情緒而做出暴力行為，或是因強烈的絕望感而企圖自殺。最棘手的是，即便患者服用了醫院所開立的處方藥，也不見得能確實看到明顯改善。其中亦不乏完全沒有效果，卻深受副作用所苦之人。

在本篇故事中，父母親與二女兒三人齊心協力，勉強維持住與有病在身的長女同住的生活。然而，三人也有共識，這樣的生活遲早會在某一天分崩離析。為了避免這樣的情況發生，只能借助醫療的力量來改善長女的病況。

然而現行的日本醫療體制卻難以回應家屬的期待。別說是完全治癒患者了，就連進行收治其實都有困難，這才是醫療單位的真實立場。主要的理由為以下幾點：

- 醫院沒有權限奪走不願接受治療的患者自由。
- 藥物治療不見得能讓精神疾患痊癒。
- 對其他患者與員工而言，會引起問題的患者是很大的負擔。

醫院的精神科在營收方面往往充滿赤字，對員工來說也是壓力很大的職場。由於藥物治療不一定會出現效果，因此，讓可能會引發問題的患者長期住院，導致員工與其他患者的壓力大增，乃院方所不樂見的結果。

若醫院不願意收治，那家屬只能靠自家人的力量來扶持病患。本篇故事的家屬亦無法獲得足夠的醫療協助，最終不得不親自照看長女。在這樣的情況下，雙親接連病逝，孤軍奮戰的二女兒遂引發慘案。

相信在日本全國應該也有同樣處境的家庭，但無論是醫院的收治原則，或是家屬的協助程度皆不盡相同，因此這項問題並無根本的解決對策。

5　老老照顧殺人

過去照護高齡父母是子女的責任，然而，隨著小家庭成為主流的現代，高齡配偶照護高齡丈夫、妻子的「老老照顧」已成為無法避免的趨勢。

即便老老照顧到最後沒有走到殺人這一步，依舊會引發各種問題。例如，照顧者也跟著倒下、因壓力纏身而做出虐待行為、精神上無法負荷選擇自殺……等等。

會發生這些情況的要因之一，如同本篇故事的照管專員所述，正是因為照顧者過於犧牲奉獻所致。出於關愛與責任感而再三勉強自己，最終導致心理健康出問題。一番真摯的心意卻換來悲劇，著實令人感到非常心痛。令人身心俱疲是各項照護問題的共通點，然而，由於老老照顧的兩名當事人皆年事已高，會比青壯年照顧者更快感到吃不消。

在照護現場，為了防止這樣的問題發生，一再宣導「照顧者支持服務」的重要性。此概念主張，無論是哪種類型的照護，不該只針對受照顧者，也應重視負責照顧的家屬身心健康。有些地區會由自治單位或ＮＰＯ主導，為照顧者提供放鬆休息的場所，或建議他們尋求照服員的協助等等。

今後，當有照護需求的人口愈來愈多時，可想而知，照顧者支持服務的重要性也會愈來愈高。如何將此概念推廣至日本全國，以及如何落實這項服務則是今後的關鍵。

6　虐待殺人

二〇一九年度，日本兒童諮商所著手處理的虐待件數超過十九萬件。虐待件數連續二十九年不斷攀升，而且一年有六十～九十件會演變成死亡事件。然而，並非所有的虐待致死個案都會被攤在陽光下，據日本小兒科學會推估，實際件數比官方統計數字多了三～五倍。

虐待致死事件可大致分為兩種類型。

第一種是父母親的觀念極度扭曲的情況。或許是因為父母本身在惡劣的家庭環境下成長，他們會將殘忍的暴力行為誤以為是「管教」，或是偏執認為即便忽略孩子不管（Neglect），孩子也會自己長大。他們會將年幼時所受到的對待視為理所當然。就是在這種錯

誤認知下來養育孩子，才會衍生出虐待致死事件（關於此類型的事件，請參閱筆者著作《「鬼畜」の家：わが子を殺す親たち》）。

第二種是本篇所探討的，父母親患有重度精神疾患的情況。父母因為生病而無法擁有正常的思維，會被強迫思考纏身、被害妄想一發不可收拾、因情緒失控而暴怒。接著在失去理智的狂亂狀態下，失手殺死自己的孩子（現實案件多半是兩種類型複雜糾葛所致）。

無論是哪種類型都不容易解決。前者是因為父母本身未曾察覺到錯誤，無從改變自身的行為；後者則如前文所述般，願意進行收治的醫療機構很少，或是需要長時間的治療，但引發事件的心魔往往就會趁虛而入。

無論如何，若父母親的人格特性是引發虐待的原因，那麼對其提供支援便是不可或缺的措施。社會上總有一些父母是無法好好養育孩子的，因此必須以此為前提，透過「育兒指導」、「臨時托育」、「家庭訪問」等方式來打造支援家長的體制。

孩子無法選擇出生的家庭。要將此歸結為不幸，抑或整體社會一起來提供協助，是日本全體國民所須面對的課題。

7　加害者家屬

根據二〇一八年的統計（日本法務省），發生於日本的親屬間殺人事件，一年高達四百十八件（包含殺人未遂）。

一旦發生這樣的案件，眾多親屬就會成為當事人。假設一等親（父母、子女、配偶）平均為五人的話，一年就上看二千人。若包含二等親（兄弟姊妹、祖父母、孫子女）應該會超過一萬人吧。如果以十年、二十年為單位來計算時，數目會非常驚人。

親屬間的殺人事件明明占了凶殺案的半數，為何甚少有人談及詳情呢。那是因為成為事件當事人的親屬們被迫背上「加害者家屬」與「被害者家屬」這兩座十字架，無權責怪任何人，亦無法悲嘆自身的際遇，只能承受著這個悲劇活下去。有時必須忍受周遭的偏見、有時會對同為當事人的親屬產生不信任、有時則懊悔自己沒能阻止憾事發生。

在近親殺人的這個問題上，社會所應致力的目標之一，就是對無端被牽連的家屬們提供協助。

本篇故事的登場人物瞳表示：

「關於這起事件，我不想讓兒子經歷我所遭受過的痛苦。我要讓一切在這我這一代畫下句點。」

我想，這段話應該道出了許多家屬們內心深處的悲痛感受吧。

細看下來會發現，本書所介紹的七則事件，可說是映照出日本社會課題的一面鏡子。就這層意義而言，不難想像這些事件所帶出的問題，在今後會愈趨嚴重。

一般公認二〇二〇年所爆發的新型冠狀病毒疫情，令未來五～十年份的問題提早現形。諸如，企業營運方式的改變，帶動遠距工作的增加、失業率上昇、少子化加速、社會保險費急遽攀升……。這樣的情況接續地同時發生，導致各種家庭問題比以前更為惡化。

比方說，家人一起待在家裡的時間變長，導致有些家庭的環境更為惡劣，形成容易引發家暴或虐待兒童的狀態。被害者多半為女性與兒童，若沒有其他地方可逃，就只能飽嚐折磨，以致精神崩潰。這項原因導致在同年夏天的第二波疫情發生後，女性與年輕族群的自殺率激增。

不只如此，若高齡雙親失業而失去經濟能力，便無法維持繭居或患有精神疾患子女的生活。若出於經濟考量或為了避免「群聚」等理由，造成有需求者難以利用福利服務時，不難想像這會令照顧者的負擔大增，進而導致虐待或同歸於盡等情況發生。

最令人憂慮的是，疫後的這些生活方式被稱為「新常態」，並在這個超高齡化社會中逐漸成為新生活型態。每位家庭成員在現今這個時代，可說是面臨著前所未見的沉重壓力。

那麼，這些課題可有解決之道呢？

由於每個人所處的立場不同，並沒有宛如魔法般可以一次解決所有疑難雜症的特效藥。不過，透過這七則事件所看到的重點，可以大分為兩項。

第一點，引發事件的當事人皆失去了自行解決艱困情況的能力。請讀者們回想一下本書所描寫的加害者們在事件當天的精神狀態。幾乎所有的加害者都患有憂鬱症等心理方面的疾病。

他們因為失去理智，無法從別的角度進行思考，像是換個做法就能避免問題發生，或是找其他人商量或許能得到其他解決對策等等。絕望、焦躁、悲嘆、孤立、後悔、自責等情感複雜交錯，令他們陷入恐慌，才會選擇「殺人」或「同歸於盡」來作為逃避的方法。

這與自殺的情況非常相似。根據精神醫學的研究，有九成的自殺者因為憂鬱症等精神疾患，失去客觀思考能力，滿腦子只有死亡這個想法，因而走上絕路。

近親殺人有些部分也與此雷同。儘管在結局上有殺了自己還是別人，抑或牽連到他人的差異，但心理健康出問題，一心只想尋死的這一點，與自殺的心路歷程是相同的。人一旦決心赴死後，便再也無法憑藉自身之力來阻止這件事。

正因如此，為了預防憾事發生，第三者的參與是不可或缺的。在當事人已失去自制力時，必須由第三者介入其中，提出其他解決對策、導正事態。或者是在當事人還未被逼到精神崩潰前，致力減輕其負擔。因為光憑當事人的自我努力有時並無助於事情的發展。

第二點，這些事件的背後，除了照護或育兒困難等主線問題外，幾乎所有的個案都存在著該家庭由來已久的支線事端。

在「1　棄養悲歌」中，儘管全家人住在一起，但母親與長女的關係早在十多年前便已破裂。日後再加上照護的負擔，令彼此的關係更為惡化，也讓女兒衍生出憎恨與報復心態，最終乾脆棄養母親。

在「2　手刃繭居子」中，若父親只須照顧患有思覺失調症的兒子，或許還撐得下去。然而母親因為兒子的家暴行為導致精神出問題，甚至懷有自殺意念。父親對此感到心疼，為了「拯救妻子」而殺害兒子。

如此分析下來就會發現，這些事件並非單純因為照護壓力所引起，而是其他支線事端交雜在一起，令問題複雜化，導致加害者認為「乾脆置之不顧」、「只剩殺人這個方法」。有人會說「並非所有進行居家照護的家庭都會犯下殺人罪」或是「並非所有的父母都會虐待孩子」。然而我們必須進一步思考，既然如此的話，什麼樣的支線事端會成為引發事件的導火線，這點相當重要。

確實，要看出存在於當事人之間的支線事端絕非易事。如同本書所描述的事件般，幾乎就連住在一起的家人們都未曾察覺。

然而，若因為難度高就放棄的話，只會令當事者孤立無援。本書所提出的七個問題，相信在不久的將來，不，在幾年後會愈發嚴峻，任何家庭都有可能出現這樣的狀況。為了讓未來的社會不至於令人感到難以生存，現在就必須靠我們每一個人來正視這些問題、集思廣益。但願本書所列舉的事件，能成為促使大眾思考的契機。

最後，衷心祈願本書所取材的事件犧牲者能夠安息。

作者介紹
石井光太

1977年生於東京。以海內外的文化、歷史、醫療為主題進行取材與寫作。非虛構作品繁多，日文著作有《乞討的佛陀》、《流浪兒1945-》、《「鬼畜」之家》、《43次的殺機》、《聊聊真正的貧困話題》、《兒童安寧療護的奇蹟》（以上書名皆為暫譯）；繁體中文版的著作有《向老天借膽的旅程》（圓神）、《遺體》（野人文化）與《神遺棄的裸體》（大牌出版），亦從事小說與童書創作。

近親殺人

當家人成為加害人
——來自法院與命案現場的社會悲歌紀實

2023年8月1日初版第一刷發行

作　　者　石井光太
譯　　者　陳姵君
編　　輯　吳欣怡
封面設計　水青子
美術編輯　林佳玉
發 行 人　若森稔雄
發 行 所　台灣東販股份有限公司
＜地址＞台北市南京東路4段130號2F-1
＜電話＞(02) 2577-8878
＜傳真＞(02) 2577-8896
＜網址＞http://www.tohan.com.tw
郵撥帳號　1405049-4
法律顧問　蕭雄淋律師
總 經 銷　聯合發行股份有限公司
＜電話＞(02) 2917-8022

國家圖書館出版品預行編目（CIP）資料

近親殺人：當家人成為加害人——來自法院與命案現場的社會悲歌紀實 / 石井光太著；陳姵君譯. -- 初版. -- 臺北市：臺灣東販股份有限公司, 2023.08
240面；14.7×21公分
ISBN 978-626-329-940-5（平裝）

1.CST：暴力犯罪　2.CST：殺人罪
3.CST：家庭衝突　4.CST：精神疾病

548.547　　112010314